新时代铁人精神丛书

新时代铁人精神之光

铁人王进喜与他的传人风采录

周洪成　曲晓论　杨荣才　编著

中国石化出版社
中国经济出版社

图书在版编目（CIP）数据

新时代铁人精神之光：铁人王进喜与他的传人风采录 / 周洪成，曲晓论，杨荣才编著．-- 北京：中国石化出版社，2023.5（2023.11 重印）

（新时代铁人精神丛书）

ISBN 978-7-5114-7070-6

Ⅰ．①新… Ⅱ．①周… ②曲… ③杨… Ⅲ．①思想政治教育—中国—学习参考资料 Ⅳ．①D64

中国国家版本馆 CIP 数据核字（2023）第 096087 号

中国石化出版社出版发行

地址：北京市东城区安定门外大街 58 号
邮编：100011　电话：(010)57512446
发行部电话：(010)57512575
http://www. sinopec-press. com
E-mail: press@sinopec. com
北京柏力行彩印有限公司印刷
全国各地新华书店经销
*
880×1230 毫米 32 开本 6.25 印张 111 千字
2023 年 6 月第 1 版　2023 年 11 月第 2 次印刷
定价：59.00 元

在铁人王进喜诞辰一百周年之际，
谨以此作献给铁人王进喜与他的传人，
献给勇扛旗帜、踔厉奋发的新时代百万石油铁军！

序言一

Foreword

在全党全国各族人民深入学习贯彻党的二十大精神之际，2023 年即将迎来铁人王进喜诞辰一百周年，欣闻《新时代铁人精神之光：铁人王进喜与他的传人风采录》一书正式出版发行，可喜可贺！

“铁人”来自大庆油田。他是石油的，也是民族的；他是中国的，也是世界的；他是历史的，也是时代的。时代铸就“铁人精神”，其内涵：“为祖国分忧，为民族争气”的爱国主义精神；“早日把中国石油落后的帽子甩到太平洋里”“宁肯少活二十年，拼命也要拿下大油田”的忘我拼搏精神；“有条件要上，没有条件创造条件也要上”的艰苦奋斗精神；“要为油田负责一辈子”“干工作要经得起子孙万代检查”“为革命练一身硬功夫、真本领”的科学求实精神；“甘愿为党和人民当一辈子老黄牛”的奉献精神。先后涌现出以铁人王进喜、新时期铁人王启民、大庆新铁人李新民为代表的一大批英雄模范和一大批先进集体。这些先进典型是“石油精神”的人格化表现，彰显了时代精神，传播了社会文明，凝聚了进取力量，推动了石油工业持续高质量发展。

20 世纪 60 年代，铁人王进喜说："宁肯少活二十年，拼命也要拿下大油田。"铁人王进喜终其一生，都在想着石油，想着油田发展。他说："我这一辈子，就是要为国家办好一件事情：快快发展我国的石油工业。"他还说："一个队打得再好也拿不下大油田，只有所有队都上去了，才能高速度、高水平开发大油田。"他始终认为："社会主义是干出来的，大庆油田是干出来的，不干，半点马列主义也没有。"

20 世纪 90 年代，新时期铁人王启民说："宁肯把心血熬干，也要让油田稳产再高产。"有人曾就生活中的种种缺憾问王启民："你不遗憾吗？"王启民回答："人有主要方面，如果丢掉了主要方面，对人生来说才是最大遗憾。而我的主要方面就是'工作'。人的精力只有那么多，抓住了工作这个大头儿，家里的事情就只能是小头儿。如果我现场少去一点儿，家里多顾一点儿，就啥事都干不成了。"

进入 21 世纪，大庆新铁人李新民说："宁肯历尽千难万险，也要为祖国献石油。"他说："我这一辈子有三个庆幸：一是庆幸自己成为石油工人，二是庆幸成为 1205 钻井队人，三是庆幸能一辈子跟铁人老队长干一样的事。”他还说：“这一辈子，能明白为啥打井、怎么打好井，就没白过。”“一米一米地把井打下去，一吨一吨地把（原）油开采出来，实实在在地干好工作，让老百姓不为缺油发愁，让国家不为缺油犯难。”

大庆精神、铁人精神是凝聚百万石油人的强大精神动力，是中国工人阶级崇高品质和精神风貌的集中展现，是激励中国人民不畏艰难、勇往直前的宝贵精神财富。2019年9月26日，习近平总书记在致信祝贺大庆油田发现60周年时指出：“大庆油田的卓越贡献已经镌刻在伟大祖国的历史丰碑上，大庆精神、铁人精神已经成为中华民族伟大精神的重要组成部分。”

习近平总书记在庆祝中华人民共和国成立70周年大会上指出：“一切伟大成就都是接续奋斗的结果，一切伟大事业都需要在继往开来中推进。新时代必将是大有可为的时代。”“全党全国各族人民要像英雄模范那样坚守、像英雄模范那样奋斗，共同谱写新时代人民共和国的壮丽凯歌！”大庆油田1205钻井队深入学习贯彻党的二十大精神，矢志不渝，正如队长张晶所述：“我们要把党的话记在心里，把红旗一直扛下去，打好铁心向党的忠诚井、永远向前的先锋井、科学过硬的严实井，坚决端牢能源饭碗，做党和国家最可信赖的骨干力量”。在保障国家能源安全、保障经济社会发展上再立新功、再创佳绩，让大庆精神、铁人精神绽放出新的时代光芒。

在伟大的新时代，英雄的石油铁军踔厉奋发、勇毅前行，必将在推进中国式现代化征程上书写无愧于历史和新时代的答卷。

是为序。

中华全国总工会副主席　高凤林

序言二 Foreword

今年，适逢铁人王进喜诞辰一百周年，《新时代铁人精神之光：铁人王进喜与他的传人风采录》正式出版发行，这部新著既生动描述了铁人王进喜一生的辉煌业绩，又真实展现了铁人王进喜一代代传人发扬“有第一就争，见红旗就扛”的顽强工作作风，高唱“我为祖国献石油”的主旋律，战天斗地、不畏艰险的铁军风采，使铁人精神绽放出新的时代光芒。这部新著的问世，意义重大，可喜可贺。

鲁迅先生有这样一句名言：“我们从古以来，就有埋头苦干的人，有拼命硬干的人，有为民请命的人，有舍身求法的人……这就是中国的脊梁。”而铁人王进喜，正是鲁迅先生所称赞的“中国的脊梁”。王进喜，1923 年 10 月 8 日诞生于甘肃玉门。1950 年春，王进喜成为新中国第一代石油钻井工人，先后任司钻、队长等职。1956 年 4 月，王进喜加入中国共产党。1958 年 9 月，王进喜带领钻井队创造了当时月钻井进尺的全国最高纪录，荣获“钢铁钻井队”称号。1959 年 9 月，王进喜被评为全国劳动模范，并于当年 10 月光荣出席了全国工交群英会。1960 年 3 月，王进喜率队从玉门到大庆参加石油大会战，组织全队用“人拉肩扛”的方法搬运和安装钻机，用“破冰取水”的方法运水保开钻，不顾腿伤跳进泥浆池，用身体搅拌泥浆压井喷，被誉为“铁人”。1964 年 12 月，铁人王进喜出席第三届全国人民代表大会。1969 年 4 月，铁人王进喜出席党的九大并被选为中央委员，受到毛泽东主席和周恩来总理的亲切接见。1970 年 11 月 15 日，王进喜积劳成疾，经医治无效逝世，年仅 47 岁。铁人王进喜是中国石油工人的光辉典范，中国工人阶级的先锋战士，中国共产党人的优秀楷模，中华民族的英雄。他为中国石油工业的发展和社会主义建设立了不朽功勋，在创造了巨大物质财富的同时，还为我们留下了宝贵的精神财富——铁人精神，铁人精神是以“爱国、创业、求实、奉献”为主要内涵的大庆精神的典型化体现和人格化浓缩，是中华民族伟大精神的重要组成部分，得到历届中央领导的充分肯定，深受社会各界的广泛承认和高度评价。习近平总书记强调指出：“大庆精神、铁人精神已经成为中华民族伟大精神的重要组成部分。”

在铁人王进喜身后，一代代铁人的传人大力弘扬大庆精神、铁人精神，继续扛起红旗，在新时代的征程上再立新功、再创佳绩。王启民、李新民、张晶……牢记嘱托，不忘初心，肩负起当好标杆旗帜、建设百年油田的重大责任。钢铁 1205 钻井队全体职工认真学习贯彻党的二十大精神，发出豪迈誓言：“我们要把党的话记在心里，把红旗一直扛下去，打好铁心向党的忠诚井、永远向前的先锋井、科学过硬的严实井，坚决端牢能源饭碗，做党和国家最可信赖的骨干力量。”在铁人王进喜诞辰一百周年之际，更要立足新时代、新征程，传承好大庆精神、铁人精神这个石油战线的“传家宝”。铁人精神是一面旗帜，凝聚着工人阶级的火热情感；铁人精神是一种力量，凸显了坚韧不拔、艰苦创业的雄心壮志；铁人精神是一种标志，凝结成一个民族不畏艰难的英雄气概。愿铁人精神世代相传、内化于心、外化于行，激励人们苦干实干、“三老四严”，为实现“两个一百年奋斗目标、中华民族伟大复兴的中国梦”作出新的更大的贡献。

是为序。

第十四届全国政协委员
中国能源化学地质工会主席

目录

Contents

Chapter 01

第一章 钢铁铸就的铁人

20 世纪 50 年代，甘肃玉门油矿的一支钻井队创造了当时月钻井进尺的全国最高纪录，被石油工业部授予“钢铁钻井队”称号。这个钻井队的队长，是王进喜。

王进喜是新中国第一代石油钻井工人，先后担任过司钻、队长、钻井指挥部钻井二大队大队长，钻井指挥部副指挥，大庆革委会副主任、中共大庆核心小组副组长等职务。1970年11月15日，王进喜因胃癌医治无效逝世，终年47岁。

1956 年 4 月，王进喜加入中国共产党；1959 年 9 月，王进喜被评为全国劳动模范。1960 年，王进喜参加大庆石油会战，被誉为“铁人”。在中国共产党第九次全国代表大会上，王进喜当选为中央委员；2009 年，当选为“100 位新中国成立以来感动中国人物”之一；2019 年 9 月 25 日，在中宣部等部门组织的“全国最美奋斗者”学习宣传活动中，被授予“最美奋斗者”称号。

中国工人阶级的先锋战士——铁人王进喜，是中国石油工人的光辉典范、中国共产党人的优秀楷模、中华民族的英雄。他为中国石油工业的发展和社会主义建设立下了不朽功勋，在创造了巨大物质财富的同时，还为全国人民留下了宝贵的精神财富——铁人精神。铁人精神是以“爱国、创业、求实、奉献”为主要内涵的大庆精神的典型化体现和人格化浓缩，是中华民族伟大精神的重要组成部分。

二 玉门关上立标杆

中国石油工业的摇篮——玉门油矿（后为玉门油田），是石油精神的发源地。中国工人阶级的先锋战士、石油工人的杰出代表——王进喜，就来自玉门油矿。

在中国国民经济发展第一个五年计划（1953—1957年）期间，国家对玉门油田进行了大规模经济建设，迅速建成了新中国第一个石油工业基地。在此期间，玉门油田先后选拔了具有丰富实践经验的1017名职工分别担任钻井队队长、修井队队长、采油队队长和其他基层单位的领导职务。1956年，王进喜担任了钻井队队长。

“一五”期间，玉门油田共钻井647口，钻井进尺60万米，相当于新中国成立前22年全国钻井进尺的总和。1953年以前，玉门油田钻井队沿用过去的“轻钻压、小排量”钻井技术，一部钻机最高日钻井进尺不超过120米，最高年钻井进尺只有840米。自1953年起，玉门油田开始推广“重钻压、大排量”和配以适当钻速的钻井新技术，钻井速度得到大幅提高，日钻井进尺提高到372米。1956年，玉门油田3203钻井队年钻井进尺跃上万米台阶。

1958年，朱德委员长视察玉门油田，对油田职工在“一五”时期的建设成就给予了极大鼓励和赞扬，并题词：玉门新建石油城，全国示范作典型，六万人民齐跃进，力争上游比光荣。此时，玉门油田职工已增加到4万多人，各种专业技术干部增加到3000多人，逐步发展成为工种较为齐全、专业较为配套、政治和技术素质较好的职工队伍。这支队伍，不仅为把玉门油田建设成为石油工业基地作出了突出贡献，而且在其他油田的建设中也发挥了重要作用。

力争上游比光荣，玉门关上立标杆。王进喜当钻工，是一名优秀的好钻工，后来当上了手握刹把的司钻；当司钻就要当一个好司钻，他积极入党并进一步当上了钻井队队长。王进喜爱琢磨，在开发建设玉门白杨河油田时，为了加快钻机搬迁、节省钻机拆卸与安装时间，他率领贝乌5钻井队，成功创出并实施了钻机“整体搬家”。1958年7月，在全国石油工业现场会上，为加快玉门油田的建设，王进喜提出钻井进尺“月上千、年上万，玉门关上立标杆”的奋斗目标，与全国各油田的钻井队展开了社会主义劳动竞赛。1958 年 9 月，王进喜带领钻井队，依靠当时钻井技术的进步，创造了月钻井进尺 5009 米的全国最高纪录，该钻井队被石油工业部命名为“钢铁钻井队”。

1959 年，王进喜率领贝乌 5 钻井队，创造了年钻井进尺 7.1 万米的全国最高纪录，这相当于新中国成立前 42 年的钻井进尺总和。1959 年 9 月，王进喜当选为全国劳动模范，出席了庆祝中华人民共和国成立 10 周年庆典，并登上了天安门城楼；当年 10 月 26 日，他光荣地出席了全国工交群英会。

群英会休会期间，王进喜参观了首都“十大建筑”，当路过沙滩北大红楼附近时，他看到公共汽车上背着“大包袱”，就问身边的人：“汽车上背的是啥？上边装那家伙干什么？”有人告诉他：“那是煤气包！因为国家缺油，公交车改烧煤气了！”

这话像锥子一样刺疼了王进喜。“我们这么大国家没有石油烧还得了！我一个石油工人，眼看没有油，让国家作这么大的难，还有脸问！”他一拍大腿说，“再莫问了！”

国家缺油缺到这个程度，对搞石油的人而言真是莫大的耻辱。王进喜心里顿时像压了块大石头一样喘不过气来。他的心久久不能平静下来。正是在群英会期间，王进喜得知了一个消息：东北发现了一个新油田。他高兴得跳了起来，“恨不得一拳砸出一口井来”。于是，他向石油工业部领导提出申请，要调到这个新油田来。“帝国主义眼睁睁胡说我们贫油，今天我们石油工人硬要拿下个大油田给他们看看！”他要争这口气！

二 天大困难都要上

1960 年 3 月，玉门油田，一位即将奔赴东北参加石油大会战的钻井人，在与母亲告别。母亲问：“你走了，全家 9 口人靠什么吃饭啊？”儿子跪在地上给母亲磕了三个响头说：“这场石油大会战是一场大仗，这一仗打赢了，更多的中国人就能有饭吃。”这个人，就是王进喜。

1960 年 3 月 25 日，王进喜奉命从玉门油田带领 1262 钻井队（同年 9 月改称 1205 钻井队），来到大庆参加石油大会战。在火车上，他组织大家学习《为人民服务》和《愚公移山》，并让大家讨论：为什么参加会战？有人说：“去打井搞油呗！”王进喜说：“这话也对，可不完全。我们是去革命！我们一定要拿下个大油田，甩掉石油工业落后的帽子，为毛主席和全国人民争口气。”

王进喜就是带着这样一股子气儿到大庆来的！一下火

车，王进喜和工友们看到：到处堆满了器材，到处挤满了人，天南地北的人好像都拥到这个小站上来了（图 1–1、图 1–2）。见到这紧张繁忙的景象，王进喜一不问吃，二不问住，找到油田生产调度室后，首先问："我们队的钻机到了没有？钻井的井位在哪里？这里的钻井最高纪录是多少？"

王进喜不顾乘坐七天七夜火车的疲劳，在下火车后的

图 1–1　1960 年 3 月，参加石油大会战的职工队伍云集大庆

当天就带领工友们奔向目的地——马家窑。他们是步行两个多小时到马家窑的。在一片看不到边的荒原上，梦想的大油田此刻就在自己的脚下，王进喜看着看着，流下了激动的眼泪。他曾是新中国成立前的童工，挨过地主的棍子、工头的鞭子，可从来没有掉过一滴泪。他把身上的破棉袄一撩、眼泪一抹，激动地说："这儿就是大油海，这儿就是大油田！甩开钻机，敞开干吧！这一下可要把石油

图 1–2　1960 年 3 月，石油大会战大批设备物资运抵大庆

落后的帽子扔到太平洋里去了！”他恨不得马上立起井架，把石油取出来，送到北京，送到全国每一个地方。

当天晚上，他们在一个村子里找到一间三堵破墙、四壁透风的破马棚，里面堆满了马粪。他们简单打扫了一下，三十几个人挤在一起背靠背地过了一夜。有几个人挤得受不住，就抱了一抱草，半夜里摸黑找了个夹道去睡。第二天醒来一看，竟然睡在一口水井边上，而且满地都是冰。东北寒冬的这一夜，让大家深深体验到这里的艰苦（图 1–3、图 1–4）。是的，这里的确艰苦，并且不是一般的艰苦。大庆石油会战，确实是在困难的时间、困难的地方、困难的条件下开始的。连续几天的疲劳，加上夜里又没有睡好，个别人没了精神。有人唉声叹气地说：“这个地方能打井吗？冰天雪地的，没个锅碗盆勺，连个住的地方都没有。”王进喜说：“不管多艰苦，石油要紧呀！”他问指导员：“你当了十几年解放军，打仗时遇到困难怎么办？是上还是退？我没有打过仗，我想怎么也不能退。”指导员孙永臣说：“绝对不能退！剩下一个人也要上！要顶着上，直到胜利为止。”王进喜说：“好，我们两个人的想法一样。”

“怕不怕艰苦奋斗，是革命不革命的问题，如果不艰苦奋斗就要贪图享受，就要变质。”王进喜说。什么是石

图 1-3　1960 年 3 月，大庆石油会战职工的临时住所

图 1-4　1960 年，大庆石油会战初期职工的居住区

油工人最大的幸福？王进喜认为："搞油是野外打井，不能把井架安在楼房里、安在城市里，过去是这样，现在是这样，今后还是这样，这是工作性质所决定的。现在我们少数人吃苦，能换来多数人的幸福，换来子孙后代的幸福。这就是我们石油工人最大的幸福。"

在王进喜的带领下，大家按照分工开始忙碌起来。有人每天去车站打听钻机什么时候到，有人去平整井场做打井的准备工作。王进喜所关心的是这个地方的地层好打不好打，钻井速度快不快。"没有调查研究就没有发言权"，所以他就到处了解这里的地层情况和钻井速度，并组织全队职工学习《实践论》和《矛盾论》。通过学习，心里越来越明亮，大家说："拿下大油田，一定会遇到许许多多的困难，还会有这样那样的矛盾。但是，石油满足不了国家的需要，才是最大的矛盾。不解决这个矛盾，帝国主义就会利用这个缺口，卡我们、封锁我们。上，有困难，不上，就更困难。出路只有一条，就是坚决战胜困难，高速度、高水平地拿下大油田。"大家都把井场当成了跟帝国主义较量的战场。每个人的岗位，就是为党、为国家、为人民争光的岗位。为了多打井、多出油，刀山要上，火海也要下，只要为了党的事业，个人的生命算什么？

井队的钻机设备，就要运抵萨尔图火车站。一下运来了那么多井队的钻机设备，吊车、拖拉机不够用怎么办？总重达 60 多吨的钻机设备，怎么从火车上卸下来？是等，还是上？在玉门油田获得“钢铁钻井队”称号的标杆队，怎能把困难推给别人？王进喜想起毛主席的教导：“我们是为着解决困难去工作、去斗争的。”打井就是革命，国家缺油，就要拿出油来，搞油就有困难，不去斗争，要我们共产党员干什么？队党支部马上开了会，组织大家学《愚公移山》，发动大家讨论应对办法。王进喜说：“没有吊车，咱们有‘宝贝’，照样干！”有人问：“啥宝贝？”王进喜说：“大活人！毛主席不是教导咱们，人的因素第一嘛！”有人说：“人拉肩扛也要把钻机弄到井场。”王进喜说：“对，咱们只能上，不能等。”“有也上，无也上，天大的困难都要上。”

在困难面前，把方便让给别人，把困难留给自己，这是玉门石油人的优良作风——“玉门风格”。1960 年 4 月 2 日，为了抢时间“快摆硬上”，王进喜带领全队职工，用棕绳拉、撬杠撬、木块垫的方法，靠人拉肩扛装卸井队的钻机设备。把这数十台设备从火车上卸下来，再运到七八千米外的萨 55 井场，他们用了一天的时间，而且忙活到深夜。这一天，将这些钻机设备一装一卸加起来重达上百吨，全队职工三十几个人，人均装卸了三四吨。

第二天，在安装钻机设备时，大伙争着抬、争着扛，工人们抬一趟，队长和指导员抬两趟。靠这“人拉肩扛”的方式，硬是把 5 吨多重的钻机拉上了 2 米多高的钻台（图 1–5），创造了大庆石油会战的第一个奇迹。全队职工连续干了三天三夜，终于将 40 多米高的井架矗立在大荒原上。王进喜带领全队职工大干苦战，一连几天几夜不下“火线”，感动了驻地和附近的乡亲们。房东赵大娘每天准

图 1–5　1960 年 4 月，在队长王进喜带领下，全队职工人拉肩扛安装钻机设备

备好饭菜等他们回来吃饭，可一连数日，王进喜都是凌晨一两点钟回来，打个盹，四点钟又走了。赵大娘对住在她家的工人心疼地说："大娘活了大半辈子，没见过这么拼命的人。你们的王队长可真是个铁人啊！"从此，"铁人"这个名字，传遍了全战区。

在4月9日至11日召开的油田第一次技术座谈会上，会战指挥部发出了"学习'铁人'王进喜，人人做'铁人'，为大会战立功"的号召。石油工业部部长余秋里①让"铁人"站在高处，向大家介绍他的事迹，最后激动地高声说："我们每个队、每个单位、每个人都要向铁人王进喜学习，像他那样保持革命战争时期那种敢于冲锋陷阵、英勇牺牲的精神和压倒一切困难而不被困难所压倒的英雄

① 余秋里（1914—1999年），中国石油工业的开拓者和主要领导人之一。1958年2月至"文化大革命"初期，任石油工业部部长，兼任大庆石油会战指挥部工委书记。在任石油工业部部长、党组书记伊始，团结带领党组一班人，坚决贯彻中央关于石油勘探重点"战略东移"的指示精神，加大对东部地区石油勘探的力度。在松辽盆地石油勘探取得重大突破后，调集全国石油系统的人力、物力，领导组织开展了大庆石油会战；面对会战中的重重困难，领导组织干部和广大职工深入学习《实践论》《矛盾论》，大树"铁人"王进喜等五面红旗先进典型，在党的建设、队伍建设、企业管理等方面走出了一条自力更生、艰苦奋斗发展社会主义企业的道路，发展形成了"爱国、创业、求实、奉献"的大庆精神、铁人精神。大庆石油会战，奠定了中国石油基本自给的基础，达到了特大型陆相油田开发的国际先进水平。大庆石油会战取得决定性胜利后，又不失时机在华北地区开辟了第二战场。1964年1月，经党中央批准，石油工业部组织了华北石油勘探会战，先后勘探发现并建成胜利、大港、任丘、辽河、中原等油气田，使中国石油工业得到了快速发展。

气概。要人人学‘铁人’，人人做‘铁人’，高速度、高水平拿下大油田。”会后，经过会战领导小组认真讨论研究，铁人王进喜的“有也上，无也上”，修改完善为“有条件要上，没有条件创造条件也要上”。此后，这一著名口号一直成为鼓舞油田广大干部职工不怕困难、艰苦创业的巨大精神力量。

钻机开钻，需要大量的水来调制泥浆。钻机没有水，就像人没有血液一样，动弹不得。但当时既没有铺设水管线，水罐车又很少。大会战就像打仗一样，只能上、不能等！没有水，端水也要开钻。有人反对，认为这简直是瞎胡闹！王进喜问他：“我们打井怎么是瞎胡闹？”那人反问：“你看哪个国家是用手端水打井？”王进喜说：“就是我们国家！我们就是尿尿也要打井！”于是大家不等不靠，用大桶、小桶提水，用脸盆端水，以确保提早开钻（图 1–6），马家窑的老乡们也都挑着水桶加入了运水行列。可开钻不久，便遇到了漏层。大伙说：“漏多少，端多少。”把村子里水井的水端干了，他们就跑到 500 多米远的水泡子，砸冰取水端水、运水，终于战胜了漏层。他们“端水保开钻”，先后端水、运水上百吨，这可不是一个小数字，它显示的是中国工人阶级艰苦奋斗的决心、坚韧不拔的毅力和无坚不摧的力量！

图 1-6　1960 年 4 月，在队长王进喜带领下，职工和群众端水保开钻

队长王进喜吃在井场，睡在井场，饿了啃几口干粮，困了枕着钻头躺在成排的钻杆上休息一会儿。他带领全队职工，仅用了 5 天零 4 个小时，完钻萨 55 井，质量达到全优，创造了当时钻井速度的最快纪录。这口萨尔图油田的详探井，在此后的 40 多年里，累计产油达 15 万吨之多。这口井与铁人王进喜纪念馆一同被命名为“全国首批百家爱国主义教育示范基地”。

1960 年 4 月 29 日，“石油大会战誓师大会”在大庆萨尔图举行（图 1-7）。在这次誓师大会上，王进喜作为大会战中涌现出的第一个红旗标兵，披红戴花，骑着由领导牵着的高头大马，被职工们敲锣打鼓送进会场，拥上主席台。余秋里部长带头高呼：“向铁人王进喜同志学习！人人争做铁人！”

开展石油大会战，是在极其困难的条件下，会战指挥部坚持独立自主、自力更生的方针，发扬艰苦奋斗的优良传统，放手发动群众而开展的。大会战开始时，几万人拥到茫茫大草原上，既无房屋，又缺少运输工具，就连锅灶、用具都不齐全，生产、生活极度困难。特别是面临冬季即将到来，在零下几十摄氏度的条件下，能不能站住脚都是很大的问题。但是，广大会战职工却以“革命加拼命”的精神，排除万难、奋不顾身地投入这场大会战之

图 1-7　1960 年 4 月 29 日，“石油大会战誓师大会”在大庆萨尔图举行

中。1960 年 5 月，石油工业部机关党委在安达召开“大庆会战首届政治思想工作会议”。会上，铁人王进喜钻井队、装卸大队一队等单位分别介绍了围绕生产做好政治思想工作的经验。石油工业部机关党委在会议报告中提出，这次

大会战的根本任务是要“高速度、高水平、迅速地发展石油工业”，指导思想是“集中优势兵力打歼灭战”。这次会议不仅全面总结了会战职工发扬艰苦奋斗作风，以及“三要”“十不”[①]革命精神，还强调了在完成艰巨任务的同时，注意劳逸结合、抓好生活、管好食堂，抓好农副业生产，靠“干打垒”解决住房问题，以及搞好职工文娱生活。

大庆石油会战不仅创造出巨大的物质财富，而且留下了宝贵的精神财富——大庆精神、铁人精神。1964 年 12 月，王进喜当选为全国人大代表，参加了第三届全国人大一次会议。其间，铁人王进喜代表全国工人在大会上作了发言。“石油工人一声吼，地球也要抖三抖。石油工人干劲大，天大困难也不怕。”当他在人民大会堂会场上朗诵自己的这首短诗后，全场掌声雷动，经久不息！

---

① “三要”“十不”：“三要”是指要甩掉中国石油工业落后的帽子，要高速度、高水平拿下大油田，要赶超世界先进水平，为国争光；“十不”是指不怕苦，不怕死，不为名，不为利，不讲工作条件好坏，不讲工作时间长短，不讲报酬多少，不分职务高低，不分分内分外，不分前线后方，一心为取得会战的胜利。

三 拼命也要拿下大油田

在“石油大会战誓师大会”上，余秋里部长作动员报告，康世恩[①]副部长宣布第一战役战斗令。随即，大庆石油会战第一战役打响了！

---

① 康世恩（1915—1995 年），中国石油工业的开拓者和主要领导人之一。1949—1955 年，历任玉门油矿军事总代表、西北石油管理局局长、燃料工业部石油管理总局局长。1955 年，石油工业部成立后，任石油工业部部长助理、副部长，兼任大庆油田会战指挥部总指挥、华北石油会战指挥部指挥等。20 世纪 60 年代初，他参与领导和组织大庆石油会战，坚持“两论”（《实践论》和《矛盾论》），狠抓基础工作，组织研究制定了大庆油田早期注水、内部切割注水、分层注水的开发方案；在油田管理、科技发展、矿区建设等方面，积累了丰富的经验。他十分重视油田勘探与开发基础理论研究，1965 年就要求大庆油田进行陆相生油和陆相油田开发等五大学科理论研究。1975—1978 年，任石油化学工业部部长。1976 年，大庆油田年产原油达 5000 万吨，并实现了长期稳产高产，达到了特大型陆相油田开发的先进水平。继大庆油田勘探开发取得成功之后，他又先后组织渤海湾地区油气勘探开发的理论研究。他从渤海湾地区特殊复杂的地质结构和多套含油层系、多种油藏类型的实际情况出发，对复式油气聚集（区）带，采取“滚动勘探、滚动开发”的做法，使渤海湾地区石油储量和产量得到不断提高，成为继松辽盆地之后油气生产的又一重要的石油生产基地。

“宁肯少活二十年，拼命也要拿下大油田。”为了改变祖国石油工业的落后面貌，铁人王进喜一心只想多打井、快打井、打好井。井队要搬迁、要放井架，没有拖拉机，大家用人拉放井架。王进喜举着双手，指挥着大家放井架。他望着井塔，一边吆喝着，一边后退着。突然，一根钻杆滚了下来，砸伤了他的腿。他昏了过去……醒过来一看，工友们抱着他的腿在哭，井架还没放下来。他急了，对着工友们说：“打仗时伤了人，你哭，敌人把你们都活捉去，能哭吗？”工友把衬衣撕下来，给他包好腿。王进喜坐起来，继续指挥大家放井架……大家劝他去医院，他都拒绝了。他说：“是腿要紧，还是出油要紧？”他和大家说好，谁都不准向领导讲。

在万人誓师大会上，会战指挥部提出了“尽快拿下大油田，‘六一’把原油运出去，坚决要打个大胜仗！”的号召。王进喜听了这个号召，忘记了腿疼，当晚就赶回队上，同大家讨论怎么办。大伙儿说：“下一口井是战区第一口生产井，要力争把我们打的第一口生产井的原油运出去，支援全国建设。”王进喜说：“干工作光有一股子干劲猛打猛冲是不够的，三国时候有个张飞，他还粗中有细嘛！”于是，他们立即总结打第一口井的经验，为打第二口井出主意、想办法。

王进喜腿受伤的事，还是让领导知道了，硬是把他送到了医院。在医院里，他想到在万人誓师大会上，石油工业部领导表扬了他，号召全体职工向他学习……“全国人民都在眼巴巴地看着我们，我还在住院，这怎么能行？”第二天，一辆汽车送来一个病号，趁大夫、护士暂时离开，他拄着拐棍就往外面跑，请求司机将他带了回去。可他的伤势一直不好，大家就又送他到火车站，让他乘火车去医院检查。没承想，他当晚就坐火车赶回来了！他冒着雨、拄着拐棍，踉踉跄跄地走了好几里路才来到队上。此时已经是深夜了，队上的人都睡了。听到门响，便点上灯、打开门，见他们的队长浑身上下没有一点干的地方，满身都是泥。问道：“你怎么又溜回来了呢？”没等他回答，大家就让出床来，让他休息，可等大家把一切都安排好，他又拄着拐棍上井去了。

打第二口井时，王进喜的腿还是肿得很厉害。他拄着拐棍，在井上成天地跳来跳去。有一天，他坐在套管上，猛听到轰的一声，钻机上的方瓦飞出了十几米高，井喷的迹象出现了。在钻机钻进过程中，一旦发生井喷，整部钻机都有可能陷进地层，甚至还会引起火灾烧毁设备。为了防止井喷，需要加大泥浆密度，但当时现场没有搅拌设备。在这紧要关头，他一边命令增大泥浆浓度、加大泥浆密度，压制井喷，一边毫不迟疑地甩掉拐棍，奋勇跳进齐胸深的泥浆池里，拼命地用身体搅拌泥浆（图 1–8）。经过两个多小时的紧张搏斗，井喷终于被压住了，而他和几名工人的手脚却被碱性很强的泥浆烧起了许多水泡。“井喷被压住了！”这是用从来没人用过的办法压住的，这也是

图 1–8　1960 年 4 月，铁人王进喜奋不顾身跳进泥浆池，用身体搅拌泥浆

王进喜带领的钻井队对党、对祖国、对人民的一片忠心所产生的勇敢和智慧。

在石油大会战中，“学铁人、做铁人”活动的开展，推动着会战职工艰苦奋斗、迎难而上。从新疆石油管理局来参加会战的1202钻井队队长马德仁，在钻机泥浆泵上水管线冻结的情况下，不畏严寒，破冰下泥浆池，疏通上水管线。从四川石油管理局来参加会战的1206钻井队队长段兴枝，在吊车和拖拉机不足的情况下，利用钻机本身的动力设施，解决了钻机搬家的难题。从石油工业部第一工程局来参加会战的工程队队长朱洪昌，在供水管线漏水时，用手捂住漏水，忍着灼烧的疼痛，让焊工焊接裂缝，保证了供水工程提前竣工……铁人王进喜钻井队打成的第一口生产井生产的原油，为保证实现“六一”原油外运目标贡献了一份力量。1960年6月1日，一辆挂着21节油罐的列车，从萨尔图装油外运，支援国家建设。康世恩为大庆油田第一列列车原油外运剪彩（图1-9）。这一会战成果，让世人惊叹！

1960年7月1日，会战指挥部召开万人大会，铁人王进喜身披双红带、骑上大马，由领导亲自牵马通过英雄门。在这次大会上，会战指挥部号召继续学习王进喜，并特别表彰了王进喜和孙永臣、马德仁和韩荣华、段兴枝和

图 1–9　1960 年 6 月 1 日，康世恩为大庆油田第一列列车原油外运剪彩

陈茂汉、薛国邦和韩文明带领的 4 支钻井队，以及朱洪昌带领的工程队 5 个先进集体。从此，赫赫有名的“王、马、段、薛、朱”五面红旗高高飘扬，成为引领大会战的旗帜（图 1–10）。铁人王进喜钻井队再接再厉，完成月钻井进尺 5466 米，还创造了班进尺 432.98 米、日进尺 738.24 米的新纪录。

图 1–10　1960 年 7 月，受到表彰的五面红旗：王进喜（右一）、马德仁、段兴枝、薛国邦、朱洪昌

1960年7月28日，石油工业部机关党委作出“关于开展学习王、马、段、薛、朱运动的决定”。决定指出：他们是“我国石油工业战线上的突击手，是具有光荣战斗历史的英雄和标兵。他们南征北战，英勇顽强，不断在我国石油史上写下豪迈壮丽的诗篇”“他们打井快，质量好，成本低，事故少，一个月开钻完钻4口生产井……连续多次打破日进尺的纪录”“哪里最困难，哪里是关键，领导就在哪里。王进喜同志打井遇到水层时，盯在井上，亲自握刹把，几天不离井场”“他们这种和工人打成一片、同甘共苦的领导作风，高度的自我牺牲和忘我劳动的共产主义精神，深受群众钦佩和爱戴”。决定下发后，很快在全战区掀起了学习“五面红旗”的热烈活动。从学习铁人王进喜到学习五大标兵，很快发展到百名标兵，“比学赶帮超”活动氛围热烈，激励着石油会战职工不断克服各种困难，取得会战成功。到1960年8月，大庆油田原油日产量已达3000多吨。到1960年12月，大庆油田原油平均日产量上升到7000余吨。到1960年底，全油田钻井202口，产油97.1万吨，占全国总产量的18.7%。1961年11月30日，大庆油田原油日产水平突破万吨大关，达1.0598万吨。

到1963年，大庆石油会战取得决定性胜利。1963年12月3日，在第二届全国人民代表大会第四次会议上，周恩来总理宣布："中国需要的石油，现在已经基本可以自给。中国人民使用'洋油'的时代，即将一去不复返了。"当年，大庆油田年产原油达 439.3 万吨，占全国原油总产量的 67.8%。1964 年初，毛泽东主席提出"工业学大庆"。1964 年 1 月 25 日，毛泽东、周恩来、陈云、邓小平等中央领导听取余秋里关于大庆石油会战情况的汇报。听取汇报后，毛泽东主席说："我看这个工业，就要这个搞法，向你们学习嘛！要学大庆！"这一年，毛泽东主席对"工业学大庆"作出了 23 处讲话、批示、谈话，对大庆石油会战的成功探索、大庆石油会战提供的宝贵经验和实践，给予了高度肯定和赞扬，倾注了他对石油工业、特别是对大庆油田的关怀和支持。1964 年 2 月 5 日，中共中央发出《关于传达石油工业部〈关于大庆石油会战情况的报告〉的通知》，指出："大庆油田贯彻执行了党的社会主义建设总路线，坚持政治挂帅，坚持群众路线，系统地学习和运用解放军政治工作经验，把政治思想、革命干劲和科学管理紧密结合起来，把工作做活了，把事情做活了。它是一个多快好省的典型。"1964 年 4 月 19 日，中央人民广播电台播送新华社记者袁木、范荣康采写的长篇通讯《大庆精神大庆人》，首次向世界披露大庆油田。1964 年 7 月 17 日，邓小平第二次视察大庆油田。时隔四年后，邓小平第三次视察大庆油田时指出：“大庆贡献大”“要把大庆油田建设成美丽的油田”。

1964年，在全国人大三届一次会议上，周恩来总理在政府工作报告中第一次概括总结大庆石油会战的基本经验，指出：“这个油田的建设是学习运用毛泽东思想的典范，用他们自己的话说就是‘两论’起家。就是通过大学《实践论》和《矛盾论》，用辩证唯物主义的观点，去分析、研究、解决建设工作中的一系列问题。这个油田的建设自始至终坚持了集中领导和群众运动相结合的原则，坚持了高度革命精神和严格科学态度相结合的原则，坚持了技术革命和勤俭建国相结合的原则，全面体现了社会主义总路线的多快好省的要求。”这是党中央、国务院第一次总结概括大庆石油会战经验。

大庆石油会战，造就了以王进喜为代表的“为祖国分忧，为民族争气”的爱国主义精神；“早日把中国石油落后的帽子甩到太平洋里”“宁肯少活二十年，拼命也要拿下大油田”的忘我拼搏精神；“有条件要上，没有条件创造条件也要上”的艰苦奋斗精神；“干工作要经得起子孙万代检查”“为革命练一身硬功夫、真本领”的科学求实精神；“甘愿为党和人民当一辈子老黄牛”的奉献精神。大庆精神、铁人精神，永远是激励中国石油人奋勇向前的精神动力。

四 为革命艰苦奋斗一辈子

大庆石油会战造就了铁人精神，它是新中国石油工人精神风貌的集中反映。铁人精神，就是坚定不移的自信精神，以国为家的主人翁精神，艰苦奋斗的创业精神，胸怀全局的奉献精神，当“官”为民的公仆精神。铁人精神，是对王进喜崇高思想、优秀品德的高度概括。

铁人王进喜是大庆石油会战的“五面红旗”之一，“五大标兵”之首。面对赞扬，朴素实在的他没有豪言壮语；面对批评，他却是另外一个样子。他说过，“表扬和批评都是推动我们前进的力量，不能受了表扬，把功劳记在自己账上，沾沾自喜，翘起尾巴；也不能受了批评就垂头丧气，甚至有意见。”在 1961 年召开的一次会议上，领导批评他们：“射孔错了”。王进喜晚去了一会儿，刚到门口，有个工人就对他说：“赶紧趴下、趴下！”“趴下干什么？”“领导正在批评我们呢！”王进喜说：“你这个同志说的，我戴红花的时候，你让我抢着往头前走，批评了，就叫我悄悄地趴下当狗熊？我不能当这个狗熊！”他就是要到前面去，更好地听听领导的批评。后来，王进喜说：“人的志气增加一分，生产就前进一步。”“自己不骄不躁，艰苦奋斗，一切困难都可以克服，一切矛盾都可以解决，工作就可以搞好。”

1961 年 2 月，王进喜当上了钻井大队的大队长，身上的担子更重了。根据石油会战勘探战略部署，钻井大队的队伍要转移到南线去打井，这时矛盾出来了。有的队干部对他说：“我给你提个意见，你一来就在南线打井，还不知道南线压力高、容易井喷，倒霉的井都在南线，我们可不能去啊！”王进喜说：“你说的，我们国家就是要打喷的井，把原油喷得哗哗的，多好啊！为什么怕它喷呢？”经过调查，这不是一个人的问题，而是代表一部分人的思想。党总支召开会议，经讨论分析认为，有的队对南线地层不太了解，没在南线打过井，怕井喷、怕井斜，是认识上不清楚，一定要先解决思想认识问题。“国家打井干什么？要打什么样的井？要不要打有压力的井？谁去打？”经过大讨论，职工提高了认识，鼓起了敢于斗争、敢于取胜的信心。工人们说：“怕什么啊！我们党和毛主席领导中国革命，小米加步枪，打出了个新中国，南线高压层有什么可怕的呢！”这一年，王进喜带领钻井队打出了90多口井。

也就在这一年，一些钻井队只重视钻井速度而忽视了质量。1961年1月至3月，钻井23口，其中4口井被误射孔、5口井固井质量不合格、4口井井底冲洗不干净、5口井油层浸泡时间过长。其间，铁人王进喜带领的钻井队也打了一口斜井，斜度超过了三度半。1961年4月19日，钻井指挥部召开千人大会，重点解决钻井质量的问题。王进喜在会上做了检讨，坚决请求将该钻井队打的斜井填掉。有人说，井斜也不影响使用，填了这口井，就在标杆队史上写下了耻辱的一页。铁人王进喜说：“没有这一页，队史就是假的。这一页不仅要记在队史上，还要记在我们每个人的心里。我们填的不光是一口井，还填掉了低水平、老毛病和坏作风。”填井时，王进喜带头背起水泥，迈着沉重的步子走在前面；工人们饱含热泪，一步步跟在他的身后。这就是难忘的“4·19”！从此，“要对油田负责一辈子”“干工作要经得起子孙万代的检查”，成为大庆石油人的座右铭。

1962年以前，规定井斜不超过5度，到1963年会战时，工委又提出了更高标准：井斜不超过3度。会战工委领导问王进喜："拥护不拥护？"王进喜说："坚决拥护，依靠党，依靠全体职工，按毛主席的《实践论》去干。"回来后，他就组织全体职工学《实践论》。按照毛主席对我们实践再实践的教导，坚决走自己的道路。会战工委领导又亲自组织钻井队的全体职工进行讨论。同时，组织一部分技术干部和老工人，一边摸索着干，一边总结经验。通过边实践边找办法，最后打出了井斜只有两度多的直井；自那以后又打出了井斜只有半度的直井。

这次打直井事件对王进喜的教育很大。并且，在会战工委的直接领导下，使全体职工深刻体会了打直井的意义，要掌握地层和设备的规律，才能打得又好又快。铁人王进喜钻井队过去打了不少井，有的井打得好，当然也打过斜井。这是什么原因，主要是没注意抓政治工作，没注意抓人的思想工作。王进喜检讨自己："首先是我的思想歪了，所以才打出了斜井。要打直井，首先我们脑瓜子里要有个直井，要有高度的政治责任心；脑子里没有个直井，一辈子也打不出直井来。"

铁人王进喜担任过队长的 1205 钻井队，从玉门到大庆，是连续 7 年的标杆队。王进喜觉得，像 1205 钻井队这样的先进队，在三年自然灾害那么困难的时候，都是抢山头的队伍，拖不垮、打不烂，还会有什么问题！所以，他抓得就没有以前那么紧，去得也就少了一点。然而到了 1963 年，井队上有干部反映说：“标杆，标杆，要蒸出白馒头给人看看，进尺上不去，不像一个标杆队的样子。”当时，队上有工人听说猪肉值钱，就想回家养猪，说养猪比干钻工强；还有工人离开岗位去看电影。队上有名的“小老虎”变成了“小老鼠”，事故接连发生，甚至烧了一把火，打废了一口井，造成很大损失，仅在上半年就丢了“标杆”。这时，队干部才清醒过来，坐下来搞了一个半月的整训。队干部检查说：“那时，干部一心只想扛红旗，多打井，只管自己扛着小红旗朝前跑，出现了那么多问题还不知道，真危险啊！”队干部一旦背上骄傲包袱，就放松了政治思想工作。这一忽视，就走了个大弯路。王进喜到队上检讨了三天。在会战工委的关怀、钻井党委的领导下，通过整训，井队职工进一步提高了认识，树立了不为钱、不为名、不怕苦、不怕死的革命人生观。在上半年找到教训、下半年加强政治思想工作后，“小老鼠”又变成“小老虎”，结果是打一口井，成功一口井，口口井都合格，一下就赶上来了，1964 年、1965 年又成为标杆队。通过这次教训，王进喜进一步认识到，艰巨任务不可怕，艰苦环境也不可怕，忽视政治领导最可怕。政治是灵魂，绝对忽视不得。

1964年，会战工委号召广大职工以“两分法”为武器，“一分为二”地看待成绩和工作，对照先进找差距，制定改进工作的措施。会战工委领导带头学习，并到基层蹲点，先后调查了5支钻井队，用“两分法”分析成绩是怎么取得的，问题是如何出现的，用鲜活的事例向职工宣传“两分法”。王进喜和同志们积极努力学习“两分法”，他说：“成绩要记在党的账上，记在毛主席的账上，记在中国人民的账上，我只能有个小本子记差距。”王进喜和同志们到“三矿四队”（标杆采油队）学习严细作风，回来后针对自身找差距，找出了“脏”“松”“漏”和不完全、不整齐等大量问题，分析原因，发现主要还是老毛病、旧习惯造成的。于是，王进喜就和老毛病作斗争。有一次，他到井场检查工作，看到一名工人擦机器时用手抓油，然后却将满手油擦在衣服上。这个习惯不好，应该改掉，王进喜就批评了这名工人。工人说：“从我第一天到井场，师父就是这样做的。”王进喜就把他师父找来，批评他没有带好徒弟。这个师父却说：“当初我当学徒的时候，你也是这样做的。”追来追去，追到自己头上来了！王进喜就向工人作检讨说：“我这是十多年前的老毛病，现在已经改掉了，你们千万别跟我学这种坏作风。”从那以后，王进喜就随时注意克服自己的老习惯、老毛病。他说："要想有个好作风，首先是言教身带，先严格要求自己，再要求别人。"

在全油田开展揭、摆、查、找的活动中，会战工委领导在油田各级领导干部和工人代表参加的大会上，首先检查了不用"两分法"看问题的具体表现。领导干部带头作检查，深刻教育了广大职工。在此基础上，全油田开始了整改低标准、低水平，在领导干部中狠抓"一粗、二松、三不狠"，在技术人员中狠抓"粗估、冒算、大平均"，在工人中狠抓"马虎、凑合、不在乎"等不良作风。在施工中，不扫除低标准，坚决不开工。曾经 1205 钻井队在打一口井之前，从钻机上找出了 488 个问题，逐个进行了整改，就连 40 米高的井架天车上缺少一个螺丝垫子，也坚持装上后才开钻。

1965 年，会战工委提出了要打"三一"优质井（一个钻头 1 天钻进 1000 米）的目标。有的井队不敢打，有些人怕丢掉标杆队的称号。王进喜就说："我打！我就不怕摸老虎屁股。干革命就不能怕担风险，还没干就吓回来了，那还行！"这时，另一支队伍也要打"三一"优质井。两支队伍并排打，王进喜钻井队就一边打，一边把发现的问题讲给另外一支钻井队。结果，那支钻井队井打成功了，王进喜钻井队却把井打斜了 8 度。王进喜在会上向大家检讨说，“井打斜了是我的责任，不算大家的事，你们的责任，就是帮助找原因。”大家总结出 8 条经验。后来，王进喜钻井队连续打出 6 口“三一”优质井。王进喜和全队职工，以“不上 10 万非好汉，不夺冠军誓不甘”的拼命精神，达到了 15 小时 38 分钟打成 1 口“三一”井、14 小时钻完 1 口 1221 米的中深井及班进尺 721.64 米的高水平。1966 年，王进喜钻井队登上了年钻井进尺 10 万米的台阶，超过了当时美国“王牌”钻井队和苏联格林尼亚“功勋”钻井队。

遇到困难怎么办？铁人说：“要有克服困难的信心和决心。不能光看到困难，也要看到成绩，看到有利条件。克服困难光嘴上说不行，要研究困难，想办法解决困难，去做工作才行。克服一个困难，就增加一份革命信心。”干革命不仅要与天斗、与地斗，还要与人的错误思想斗。有些事情是不能想的，而有些事情是可以开阔地去想的。要想，就要想怎么拿下大油田、给全国每个人多少油，要想社会主义建设，这样什么困难就都能克服。有一名青年工人，是王进喜喜爱的一名徒弟，有一段时间闹情绪要回玉门。王进喜就把他找来，严厉地对他说：“你还记得你刚到玉门是个什么样子吗？穿条裤子露着腿，穿件衣服露着肚子，一双鞋补了又补有几斤重，你忘了吗？我可没忘，我也穿过几斤重的鞋。现在你身上穿着毛衣，睡觉盖着缎子被，这些都是怎么来的？都是党给的，毛主席给的。”说得那个青年人直哭，承认错误说：“我错了，你说咋办哩？”王进喜说：“好好干，我们苦，顶多是多出两身汗，少睡一点觉。你看我们的革命前辈，那么大的年纪还跑到草原上来吃苦，为什么？热爱党、热爱社会主义，不能光站在房子里热爱，不能光举拳头热爱，不能光在口头上热爱，要干事。我们是打井的，把井打出来，把油拿出来，才是真正的热爱，不干就等于瞎说。热爱就要永远爱下去，就必须永远老老实实干下去。”铁人王进喜是这么说的，也是这样做的。

有一次，一口井打完进尺后，射孔层位定不下来。完钻井不射孔，井队就搬不了家。那时井多人少，新层位一时难以定下来。可王进喜等不得就跑到地质指挥所，问是什么原因。“你干什么的？”“我干什么的？我就是找你们麻烦的！你们确定不下来，射不了孔，搬不了家，耽误多大事呀！”有人劝说：“不要着急，顶多耽误一会儿打井。”王进喜一听就觉得不对味，怎么能这样说呢！他跳起来说：“为什么让我耽误一会儿打井，为什么不让我多打两口井？你有什么理由？”他越说越生气，就往桌子上一坐说：“晚上我不回去，你们什么时候确定，我爬起来就走。”

思想斗争一点也不能放过。有人劝王进喜：“你不要见事就管，见事就说，刚强是非多呀！马马虎虎，睁一只眼闭一只眼算了！”王进喜问那个人：“你从哪里学来的谬论啊？为什么刚强就是非多？”那个人说：“刚强到处惹人不快。你见事就说，怎么了得！”王进喜说：“党叫我到这里来干什么？我为什么不说？按党的指示，应该说的我都说，应该干的我都干！我要斗争一辈子，斗到底。为了党，为了革命，我有什么可怕的。”

1966 年，周恩来总理第三次视察大庆油田。1966 年 5 月 3 日，总理来到 1202、1205 钻井队，当听说这两个队当年都要打井 5 万米时，非常高兴地对陪同视察的康世恩等领导说：“他们两个队，如果每个队打井上 5 万米，国务院要鼓励他们。”随后，总理登上正在打井的钻台，铁人王进喜手握刹把（图 1–11），给总理演示起钻、下钻和接钻杆。总理高兴地边看边问：“能打多少米？”王进喜说：“今年保证上 5 万米。”总理高兴地举起双手，连声说了三个好。临离开井队时，总理握着铁人王进喜的手一再嘱咐说：“你们这两个队，今年如果都打上 5 万米，要告诉我。”钻井工人没有辜负总理的殷切期望，1966 年底，1202、1205 钻井队双双报捷（图 1–12），并由铁人王进喜

图 1–11 铁人王进喜手握刹把

图 1–12　1966 年 12 月 26 日，钢铁 1205 钻井队登上年钻井进尺 10 万米的高峰

带队进京，向总理作了汇报。

多年来，王进喜想的不是他带领的一个队打上去，他希望所有的队都打上去。他争的是党的大旗、国家的大旗，而不是插在他们井架上的那面小红旗。王进喜常说：“一个队打得再快，也拿不下油田，我们要让所有的钻井队都打上去，超过我们队，我们才高兴呢！”所以，他一向把关心别的队、帮助别的队，看成是自己的责任！有的

队没有方钻杆了，他就把自己队上新的方钻杆抬上，跑上千米的路送给人家；听说有的队出了问题，他就连忙跑过去和人家一起认真地调查研究。在自己队上工作最紧张的时候，他就让指导员领着大家干，他却带一个班到别的队去帮忙；在他和别的队开展竞赛时，自己队的水龙头坏了，刚要换新的，却听说对方的水龙头也坏了，于是就把新的水龙头送了过去，而自己队把坏的水龙头修理修理再用。所以，工人们说："铁人是满心眼都装着党和国家。"

怎么样才算艰苦奋斗？1966 年，铁人王进喜在全国工业交通工作会议和全国工业交通政治工作扩大会议上报告发言，他深有感触地说："我所以能为党、为人民做些工作，这全是党的教导和毛主席思想的指引。"

王进喜在报告中说："在旧社会，我 6 岁拉着棍子领着双目失明的父亲干活。被拉去当民夫，干了 10 年，受苦卖命，没捞到一套铺盖，铺的是一摊麦草，盖的是一张烂羊皮。没上过钻台，没摸过刹把。是共产党救了我，翻了身，当了国家主人，还培养我当了副司钻，那时我只想好好学技术，为党好好工作，报答党的恩情。

我总想，我是个钻工，当了干部还是钻工，要永远参加劳动。毛主席教导我们要当'孺子牛'。我从小放过牛，最摸牛的脾气，牛吃草，马吃料，牛的享受最少，出力最大。所以，还是当一头‘老黄牛’最好，我甘愿在石油战线上，为党、为人民艰苦奋斗一辈子，当一辈子‘老黄牛’。

怎么样才算艰苦奋斗？以前认为共产党员只要吃苦在前，享受在后，多干活，少睡觉，就是艰苦奋斗。在会战期间，一些老首长的艰苦奋斗精神，深深教育着我。我想，他们职位那么高，年龄那么大，为国家搞油，来大庆和大家一起吃苦，为什么？学了毛主席著作（图 1–13），我明白了‘夺取全国胜利，这只是万里长征走完了第一步’，‘中国革命是伟大的，但革命以后的路程更长，工作更伟大，更艰苦’。革命先辈艰苦奋斗，英勇牺牲夺政权，万里长征才走完第一步。而现在，在社会主义革命和社会主义建设时期，他们为了实现共产主义还在继续艰苦奋斗。我也是一个共产党员，不能只是多干活，少睡觉，这是低标准的艰苦奋斗。应当能为革命担更重的担子，能在最复杂的环境里做艰苦工作，能在最困难的时候顶上去，能在最危险的情况下不怕牺牲，能做别人不愿干、不敢干的革命工作。艰苦奋斗是党的性质决定的，为了实现共产主义，就要艰苦奋斗一辈子。更主要的是教育青年要艰苦奋斗，把党的光荣传统世世代代传下去。”（图 1–14）

1967 年 1 月 8 日，周恩来总理在北京工人体育馆接见

图 1-13　铁人王进喜在学习毛主席著作

图 1-14　铁人王进喜寄语下一代

了铁人王进喜和全国石油系统的群众代表。周总理在讲话中针锋相对地说："为什么有人硬要反对大庆？为什么他们硬要打倒铁人王进喜同志？这是为什么？是阴谋，是为了毁掉毛主席树立的这个典型。"周总理扳着指头说："大庆靠什么打了胜仗？首先，靠毛泽东思想，靠'两论'起家；其次，靠大庆广大职工艰苦卓绝的辛勤劳动；再其次，就是靠全国各方，可以说党政军民各方面的大力支持。"周总理还满怀深情地回顾了视察大庆时的情景，他说他三次到大庆，都受到了深刻的教育和启发。

"工作就是斗争。我们是为着解决困难去工作、去斗争的。"铁人王进喜牢记毛主席的教导，他要"为革命艰苦奋斗一辈子"。在"文化大革命"期间，当他见到油田生产遭到破坏时，便直接写信给上级领导，反映实际情况。1969 年，铁人王进喜当选为党的九大代表，出席了党的九大会议，当选为中共中央委员，受到毛泽东、周恩来的接见。1970 年 3 月 11 日，大庆革委会副主任、核心小组副组长王进喜到北京汇报大庆油田的有关情况；3 月 18 日，周恩来总理批示：大庆"要恢复'两论'起家的基本功"。4 月，王进喜到玉门油田参加石油工业现场会；归途中，胃病发作，在北京被确诊为晚期胃癌。病中，他仍然牵挂着油田生产建设和职工生活，还自己出钱给大庆油田的患病职工买药。临终前，他把多年来组织上曾给过他的一些生活补助，全部交给了去看望他的领导同志。

“宁肯少活二十年，拼命也要拿下大油田。”1970 年 11 月 15 日，革命加拼命的铁人王进喜同志因病医治无效，在北京逝世，终年只有 47 岁。天地无情，人们悲戚地说：“为了拿下大油田，铁人真真切切少活了 20 年。”他的一生，是“一个革命者的一生，是战斗的一生，是克服困难的一生”。铁人王进喜，为革命艰苦奋斗了一辈子。

时代需要千千万万个铁人。1991 年 11 月 15 日，是中国工人阶级的先锋战士、石油工人杰出代表铁人王进喜逝世 21 周年纪念日，大庆市委、大庆石油管理局党委举行了铁人王进喜雕像落成暨铁人纪念馆开馆典礼。铁人纪念馆坐落在王进喜带领 1205 钻井队在大庆打的第一口油井旁，馆内以图片、文字、实物等形式展示了王进喜的生平事迹，并以“千万个铁人在成长”为题，展示了油田生产建设不同时期“铁人式”英雄模范的事迹。千千万万的人民群众曾来到这里瞻仰铁人王进喜。千千万万的人民群众在这里受到了深刻教育。

五 继承发扬铁人精神

铁人王进喜“要把自力更生、艰苦奋斗的旗帜，一直举到共产主义”，他从祁连山上扛下来的这面“钢铁钻井队”红旗没有褪色。

铁人精神薪火相传，钢铁1205钻井队的人换了一茬又一茬，但“为革命艰苦奋斗一辈子”的作风一直没有丢！1973年，在一次紧张的钻井施工中，刹把突然失灵，几十吨重的钻具失去了控制，从高空猛地砸向井口。如果让它砸下来，正在钻台上工作的七八人就得被砸成“肉饼”，几十万元的油井和设备也要全部报废，后果不堪设想。“快躲开！”在这千钧一发的危急关头，队长高金颖大喝一声，转身提起上百斤重的卡瓦，冒着粉身碎骨的危险冲向井口，卡住了飞速下滑的钻具。钻机保住了，油井保住了，工友们的生命也保住了，而高金颖却重重地摔倒在钻台上，他脸色发白，豆大的汗珠直往下掉。工友们赶紧把他送进医院，经医生确诊为腰椎严重损伤，必须住院治疗，他还被告知以后不能再干重活了，不然就得瘫痪。在住院治疗的日子里，他得知了大庆喇嘛甸油田大会战即将开始的消息，就怎么也躺不住了，每天缠着大夫要求出院。大夫被他缠得没法，只好给他做了一副“钢背心”，让他出了院。回到井队，高金颖立即投入紧张的喇嘛甸油田会战中（图 1–15）。

图 1–15　钢铁 1205 钻井队参加喇嘛甸油田会战

人应该怎样生，路应该怎样走？1205钻井队第7任队长高金颖为全队职工树立了榜样。他的事迹深深地感动了大家，全队职工决心要像他那样轰轰烈烈大干一场。工作任务紧张时，队干部十几个小时、几十个小时地顶在井上，让你睡觉你能睡得安稳？碰上危险活，干部、党员冲上去了，你能不冲？钻机陷到泥里走不了，老师傅先跳下去了，你能看着？言传身教，耳濡目染，习惯成自然，见到困难就往前冲、就拼命干，就像条件反射似的，你能不干吗！1205钻井队的好传统就是这样被传承下来的。

凡在1205钻井队工作过的人，都牢记着老队长王进喜常说的一句话："要当一辈子人民的老黄牛。"一代又一代的铁人继任者，正是靠着铁人精神，高高举起了1205钻井队这面红旗。窦荣宝是1205钻井队的第14任党支部书记，他回家结婚，5天就返回了井队。一个多月后，妻子来到油田，窦荣宝在油田基地找了间原本放化肥的8平方米的小屋，就算安了家。3天后，他就到华北参加会战去了。1978年，妻子要生孩子，天天盼着他能回来，可盼回的只是一句话："我会战忙，你自己想办法。"队上其他的职工家属轮流照顾，才使他的妻子平平安安坐完月子。人总是有感情的，但要作出这种感情上的牺牲实属不易。在铁人王进喜无私奉献精神的鼓舞下，1205钻井队的继任者都是以工作为重、以事业为重。

艰苦奋斗是1205钻井队的本色。石油工人在“头上青天一顶，脚下草原一片”的荒原上艰苦创业，如果没有这样的艰苦奋斗精神，根本打不了硬仗。大庆油田地处高寒地区，一年中有半年是冬天。寒冬腊月，滴水成冰，冻得一把鼻涕一把泪。打井时，泥浆一喷就是一身，顺着裤腿往下淌，不一会儿就成了“冰甲”。冻得厚了，就得让别人拿铁棍子往下敲。甚至，钻工在原地站的时间长一点儿，两只大泥头鞋就冻在了钻台上，得用撬杠撬。再加上钻机的抖动，有时尿都流到裤子里了。可想而知，那是一种什么样的滋味。

然而，夏天的艰苦，更让人难耐。烈日暴晒，即使汗珠子成串往下滴，也要坚持干；瓢泼大雨中，人人被浇得像落汤鸡似的，也不能停钻。一到晚上，蚊子、小咬成团地往脸上扑，脸都被叮咬得肿了起来。虽然发了防蚊帽，可戴上后干活特别扭，憋闷不说，蚊子一糊上就看不清压力表指针。有人干脆不戴防蚊帽，把泥浆抹到脸上，只露出两只眼睛。可过不了多久，水分一蒸发，脸上就像崩了瓷，火辣辣地疼，就再抹一把泥浆，似乎感觉好一点，但泥浆里的化学药剂，使得脸上直爆皮。

就是在这样艰苦的自然环境里，在全国的钻井队中，

1205钻井队第一个攀上了累计钻井进尺100万米的高峰。

分毫不差，是1205钻井队的一定之规，也是1205钻井队一脉相承的工作标准。1982年，1205钻井队加快了钻井进尺上100万米的步伐，就在一口新井要开钻前的最后一次安装质量检查中，发现泥浆泵皮带轮和柴油机联动轴相差4毫米。这没啥说的，要重新校正！这时有职工说："就差4毫米，还不到一片韭菜叶的宽度，标准也不低了，都到这节骨眼儿上了，还是抓紧时间开钻吧！"但是，队干部没有松口，"铁人老队长安装设备'八个零对零'的标准，啥时候也不能降低"。当时，安装设备的吊车、拖拉机都已收工了，重达10多吨的庞然大物怎么重新校正？在队干部的带领下，大家把30多米长的泥浆管线卸开，用土办法，在地上挖土坑，20多人用撬杠一点点地撬，终于达到了"零对零"标准。

只有发扬铁人王进喜艰苦奋斗精神，加上勤奋钻研科学技术，才能不断攀登新的高峰。1984年，上级给1205钻井队配备了一部从美国引进的新型钻机。为此，全队职工集中培训了一个月，听美国专家讲课，每个人都记了厚厚的一本笔记。其间，美方人员说钻机上有236个黄油嘴。但在保养钻机时，发现有49个找不见，机械大班急得嘴上都起泡了，饭也吃不好，觉也睡不着，一天到晚地在设备上爬上爬下。队干部冲他吼："你不要命了，赶快回去休息！"他却大声喊："这家伙几百万元，保养不好，你睡得着吗？"队干部把他撵回队，他又偷偷溜到井上。连续10多天，他查图纸、爬井架，终于找到了所有的黄油嘴，并熟练掌握了保养技术，被大家誉为"美钻机队的土专家"。土专家"学技术，打破砂锅问到底"。仅用一个月的时间，全队职工就掌握了这部新型钻机的使用、操作要领，这台洋设备终于变得服服帖帖。

在参观铁人王进喜打的第一口井和1205钻井队荣誉室时，刚入1205钻井队的青工申冠受到了深刻教育，感到那一面面锦旗就是一颗颗鲜红的赤子之心。照片上，铁人王进喜那双明亮的眼睛好像在看着他。1985年初，25岁的申冠扛起了铁人的大旗，被任命为1205钻井队队长。他在铁人王进喜像前立下誓言："踏着铁人的脚步走，照着老队长的榜样干；就是拼上命，也要让铁人的旗帜放出夺目的光彩。"

1205钻井队靠艰苦奋斗、技术革新精神，实现了1个月开钻6口井、完钻6口井，创出了全国同类钻机的月钻井进尺最高纪录。1988年，大庆油田要求钻井队采用重泥浆高压喷射钻井新工艺，实现月"四开四完"的目标（1个月开钻4口井、完钻4口井）。在打第一口井时，就发生了卡钻，月“四开四完”的纪录被别的队拿下了。为这，全队职工都憋了一口气，发誓要突破这个新纪录。可光憋气不行，技术还得要上去。队长申冠在井上反复观察，与技术员分析研究后认为主要是钻头没有使用好。为选择最佳参数，技术员把行李搬到井上，并住在了井上，24小时盯着观察。他们还把用过的钻头编上号、挂上牌子，写上钻头在用时的井段、排量、钻速、钻压等参数，从中进行优选。连续两个月，他们从1000多个参数中总结出用新工艺打井的规律。在此基础上，进一步采取有效措施，5月份实现了开钻5口井、完钻5口井，6月份又实现了“六开六完”，创出了当时全国的月钻井进尺最高纪录。

铁人王进喜队的职工换了一茬又一茬，但艰苦奋斗的优良传统一直没丢。1988年，1205钻井队在葡萄花油田北部地区打井，当时井场周围都是水，钻机就立在孤岛上。打这口井，需要100多根套管和100多吨重晶石粉，这些物质运不进井场就会影响开钻。队党支部书记李根生问大伙：“怎么办？”职工们异口同声地说：“扛！”于是，大家脱了衣服，四个人抬一根400千克重的套管，在坑坑洼洼的沼泽地里，深一步浅一步地穿行，有人在泥水里摔倒了，爬起来再干，硬是把全部套管抬进了井场。重晶石粉一袋重 25 千克，扛上几趟就弄得满身都是石粉，汗水和石粉混合在一起，弄得人人都像从泥浆池里刚爬出来一样。为了抢开钻、快打井、多打井，碰上这样的事儿，就得靠当年铁人王进喜的“人拉肩扛精神”。

铁人王进喜队的第 12 任队长申冠，经常用铁人老队长和前任队干部的事迹鞭策自己，他比工人回家的次数少，在家待的时间更短。所以，他那 7 岁的儿子对他一点儿也不亲。有一次回家，早上起床时，他把儿子拉过来说，“爸爸又要回井队了，让我搂你一会儿”。可孩子说啥也不同意。申冠说：“就 5 分钟！”没想到，孩子扳起他的手腕，盯着手表数时间，数得他心里直发酸。一松手，孩子就从他怀里跑开了！队党支部书记李根生的女儿 9 岁生日时，他问女儿：“你过生日想要啥礼物？”女儿张嘴就说：“我啥都不要，中午不吃方便面就行了。”男儿有泪不轻弹，李根生听了孩子的话，眼泪吧嗒吧嗒地直往下掉。孩子一看爸爸哭了，以为闯了祸，赶紧说：“爸爸，我能吃方便面，能吃方便面。”后来别人到他家，看到他家碗柜上贴着一张纸条：“1. 中午回来吃方便面；2. 不准玩火；3. 晚上回家还吃方便面。”知道了这事，大家才明白孩子为什么说“中午不吃方便面就行了”。在 1205 钻井队，党员干部的家国情怀，哪头轻哪头重，职工群众都看得很明白。“如果没有一个坚强的党支部作为核心，没有党员发挥先锋模范作用，铁人队就变成了豆腐队。”“思想政治工作要是抛锚，职工思想就要乱套，生产就要受损失。”“干部要密切联系群众，以身作则，只有先尽了公仆的义务，才能取得领导群众的权力。说话有人听，办事使人服。”1205钻井队的队干部是这样认为的，也是这样做的。全队职工43人，虽然没有一个人见过铁人王进喜，铁人精神却一直传了下来。1989年11月，1205钻井队率先成为全国第一支钻井突破1000口、进尺上百万米的钻井队，并连续3年被评为“金牌钻井队”。

1990年2月25日，江泽民第一次视察大庆油田。他到大庆钻井二公司看望了铁人王进喜的家属。面对铁人遗像，江泽民深情地说：“王进喜同志为中国石油工业的发展立下了汗马功劳，人民永远不会忘记他。”陪同视察的中国石油天然气总公司原总经理王涛报告说：“石油战线正在进一步开展学习铁人、发扬大庆精神的群众性活动。”江泽民赞扬说：“大庆精神不但石油工业战线应该发扬、应该提倡，也应该用来指导具有中国特色的社会主义经济建设。”江泽民指示：“大庆创造的精神财富，我们应当十分珍惜。有了这种精神，任何人想压垮我们，都是不可能的事情。”2月27日，江泽民为大庆油田题词：“发扬大庆精神，自力更生，艰苦奋斗，为建设有中国特色的社会主义而努力。”

“为革命艰苦奋斗一辈子”，是铁人王进喜的座右铭。王进喜曾在北京人民大会堂作《为革命艰苦奋斗一辈子》的汇报。1990年5月8日，大庆油田1205钻井队的代表、铁人王进喜队第12任队长——申冠，在北京人民大会堂举行的全国总工会劳动模范报告团的首场报告会上，作了《继承发扬铁人精神，为革命艰苦奋斗一辈子》的汇报。他向大家报告：

自建队到1990年，1205钻井队靠艰苦奋斗精神，累计打井1013口，完成钻井进尺126万多米，相当于钻透了142座珠穆朗玛峰；先后为9个油田输送各类干部和技术骨干756名，这些人可以组建15个钻井队。铁人曾经说过：“我们是搞油的，搞不出油来，让国家作这么大难，心里愧得慌。”他恨不得一拳头砸出一口井来，让石油哗哗流成河。大庆石油会战，当时困难很多，铁人斩钉截铁地说：“不怕！别人骂我们、卡我们，我们就要挺起腰杆，鼓起劲来干！”中国人民就是要有这股硬骨头劲才行。“宁肯少活二十年，拼命也要拿下大油田。”就是凭着这种精神，20世纪70年代，1205钻井队创造了年钻井进尺12.7万米的全国新纪录；80年代，又在全国的钻井队中，第一个攀上了累计进尺 100 万米的高峰（图 1–16）。

江泽民和首都 6000 多名干部群众一起，在听众席上听取了申冠等 5 名劳模的报告，并在会后亲切接见了报告团全体成员。

2000 年 8 月，江泽民第二次视察大庆油田。8 月 24 日，在去 1205 钻井队的车上，大庆油田的领导向江泽民

图 1–16　1982 年 4 月，钢铁 1205 钻井队在全国第一个实现累计钻井进尺 100 万米

汇报了 1205 钻井队的情况：自 1953 年建队以来，已经打井 1448 口，总进尺达到 185 万米，相当于钻透 200 多座珠穆朗玛峰。在 1205 钻井队施工的中 360–28 井现场，江泽民等中央领导戴上橘红色安全帽，由钻井队党支部书记李新民、队长盛文革等陪同登上钻台。听说铁人王进喜曾经用过的那种刹把已经被现代化的操作间所取代时，江泽民特意转身来到操作间。见到操作间安装了空调，听到现在无论冬天、夏天打井操作都比较舒适的介绍后，江泽民轻轻抚摸着操作台上的气控手柄，问身边的李新民："这种装置你们公司其他井队普及了吗？"李新民说，现在各井队都配备齐了。江泽民满意地说："现在，钻工的工作条件很好啊！"江泽民走到电机旁时，大庆油田领导介绍说："现在钻井已实现了自动化，技术水平提高了。"站在一旁的1205钻井队队长盛文革介绍说："这样能节约能源，又不污染环境。"江泽民在观看泥浆密闭循环时，盛文革解释说："这种处理方法，对环境不产生污染。"江泽民连声称赞："你们能这样做，很了不起。"

走下钻台，江泽民同马德仁、薛国邦等 22 名劳动模范和老会战代表及铁人王进喜的亲属一一握手，并打着节拍与大家合唱《踏着铁人脚步走》。在和大家合影时，他亲切地拉李新民、盛文革站在身旁。盛文革向江泽民汇报说：“建队47年，共打了1448口井，相当于全国油田总井数的三十分之一。”江泽民称赞：“了不起，很了不起。你们要继续努力，铁人精神要很好地继承发扬。”合影结束后，江泽民对有关领导说：“我以前到过井队，现在的钻井条件好多了，味儿没有了，而且噪音也小了。”在谈到如何发扬铁人精神时，江泽民说：“人是有思想的，认识是有过程的，要继续发扬大庆精神、铁人精神。”

Chapter 02

第二章

新时期的铁人精神

“铁人”是人民群众送给王进喜的尊称，“铁人精神”是对以王进喜为代表的劳动模范崇高思想、优秀品德的高度概括，集中体现了中国石油人的精神风貌。20 世纪 60 年代至 90 年代，大庆几代石油人以“宁肯少活二十年，拼命也要拿下大油田”“宁肯把心血熬干，也要让油田稳产再高产”的英雄气概，不断攻坚克难，创造了令世人瞩目的辉煌业绩。1997 年 1 月 21 日，中国石油天然气总公司党组印发《关于授予王启民同志“新时期铁人”、授予王为民同志“铁人式的好工人”荣誉称号，开展向王启民、王为民学习活动的决定》。“新时期铁人”王启民（图 2–1），是百万石油职工、石油科技工作者的优秀代表。

王启民，1961 年 8 月毕业于北京石油学院，1978 年加入中国共产党，教授级高级工程师，先后任大庆石油管理局勘探开发研究院院长、管理局局长助理，大庆油田有限责任公司总经理助理、副总地质师，中共十五届中央候补委员。他先后主持参与大庆油田实现稳产高产的 8 项重大开发试验项目，参加并组织了 40 多项科研攻关课题和大庆油田“七五”“八五”“九五”开发规划编制研究等工作，获得 1979 年全国科学大会奖、1985 年和 1996 年两次全国科技进步特等奖。2009 年 9 月 14 日，他被评为“100 位新中国成立以来感动中国人物”之一。2018 年 12 月 18

图 2-1 “新时期铁人”王启民

日，在全国庆祝改革开放40周年大会上，他被授予“改革先锋”荣誉称号。2019年9月17日，国家主席习近平签署主席令，授予王启民“人民楷模”国家荣誉称号。

王启民是新时期知识分子、石油人的杰出代表。他发扬大庆精神、铁人精神，敢于挑战油田开发极限，研究并提出了“分阶段多次布井开发调整”理论，其中表外储层开发利用技术突破了国内外认为不能开采的禁区。他主持的油田高含水后期“稳油控水”项目研究，为大庆油田实现27年5000万吨以上高产高效持续开发作出重要贡献。王启民发扬艰苦奋斗革命精神，坚持科技进步和不断改革创新，凭着“恨不得钻到地下把油层搞清楚”，立志“跨过洋人，敢为天下先”的豪情与奋斗取得了辉煌的成就。在他身上，体现了铁人顽强拼搏的精神，体现了“科学技术是第一生产力”的思想，展现了新时期石油科技工作者的精神风貌。

二 敢为天下先

王启民坚持把国家和人民的需要当作自己的理想和志向，并为之奋斗不止。他经常挂在嘴边的一句话，就是“党和人民培养了我”。

大庆石油会战初期，还是实习生的王启民，以全部身心投入会战之中。他一分到试油队便挑起了技术员重担。为了早日拿下大油田，父亲去世也没离开试油现场。那时，他经常蹚着没膝的水上井；没有房子住，他就住在井场上的锅炉房里，后来又住进油井旁边盖起的“干打垒”（图 2–2）。早上醒来，身下的垫子都是湿的。王启民毫不在乎，不知不觉中患上了风湿病。会战条件虽然十分艰苦，可是，石油人的心却是火热的。铁人王进喜说过，“这困难，那困难，国家缺油才是最大的困难”。王启民被铁人这种为国分忧，为拿下大油田，宁肯少活二十年的大无

图 2-2　大庆石油会战初期，职工和家属建造“干打垒”房舍

畏革命精神所感动。他以铁人王进喜为榜样，与工人一起摸爬滚打，不分白天黑夜搞会战，是实习生当中唯一被评为二级红旗手的人。

王启民立志为祖国石油工业贡献青春和力量。当时，外国专家看不起中国人，断言中国技术落后，靠自己的力量开发不了这么复杂的大油田，而且说什么“凝固点、含蜡量这么高的油田，除非搬到赤道上去开采”，还妄图用石油卡中国人的脖子，这使王启民他们感到非常气愤。为表达决心和志向，他们就在“干打垒”房门上贴了一副对联：莫看毛头小伙子，敢笑天下第一流；横批是：闯将在此。他们有意把“闯”字的“马”写得很大，突破了门框框。王启民说："我们就是要靠自己的力量，闯出中国自己的油田开发之路！"为祖国争光，为民族争气！这不是年轻人的张狂，也不是他们一时的心血来潮。大庆石油会战，就是一场使新中国摘掉贫油落后帽子，从而自立于世界民族之林的大决战！石油是工业的血脉，如果血液能够代替石油，以铁人王进喜为代表的中国石油人也愿意付出满腔热血。那时，王启民就和油田紧紧地拴在一起了，探索油田开发规律的使命也成为他人生中一个永恒的课题。

为科学开发大庆这个特大型油田，大庆石油会战初期就开展了"十大试验"，早期注水开发试验就是其中之一。那时，注水开发试验的主导理论是"温和注水，均衡开采"，这也是当时国外流行的油田开发理论。当时，规定注水井每天对每米油层注水不超过 5 立方米，使注入水尽可能均匀推进，使各油层均衡出油。后来，在总结注水开发经验时，有人提出"温和注水，均衡开采"是正确的，之所以开采效果不好，主要是注水量低，不应限制在每米油层每天注水 5 立方米，而应该注水 10 立方米。

为探索地下油、水分布规律，王启民主动要求到试验现场。他和几个同伴怀揣着窝窝头，白天到井上观察、取资料，晚上回来就分析比较，画油水变化曲线、写书面观察情况，还自己刻蜡纸、油印报表等，常常是通宵达旦地工作。饿了，煮几片白菜叶子就着窝窝头吃；困了，就趴在桌子上打个盹儿。尽管又苦又累，但他们斗志昂扬、情绪乐观，因为他们以铁人王进喜为榜样，有早日拿下大油田的信念支撑着。那些“五两三餐保会战，一杯盐水分外香”的日子，铸就了王启民“铁人”般的意志；艰苦卓绝的石油大会战，“两论”起家、“两分法”前进，给了王启民一生中最宝贵的精神财富，让王启民学会了辩证思维，牢固树立了实践第一的观点。

在注水开发过程中，油田出现了“注水三年，水淹一半，采出程度只有5%”的局面，如果按照这样的含水上升速度估算，很难达到开发方案中制定的油田最终采收率目标，开发前景令人担忧。早期投入开发的萨尔图油田，属于非均质十分严重的陆相河湖沉积体系。油田采取早期注水开发后，虽然有效保持了油层压力，油井生产能力旺盛，效果十分明显，但也出现了新问题。最早注水的油田中区，在不到3年的时间，见水井数已占第一排生产井数的52%，全区水淹率达7.0%，仅采出了占全区石油地质储量4.18%的原油。出现这一问题的主要原因是，对层间非均质很严重的油层进行笼统注水导致注入水单层突进。油层非均质性引起的平面、层间、层内矛盾，是制约油田开发效果的三大基本矛盾，而层间矛盾是贯穿始终的主要矛盾。要改变这种状况，必须对不同性质的油层实行分层开采，其基本实施途径是同井分层、井网分层。而国外油田多采用井网分层，少数油田虽然采用同井分层，但规模较小、层段划分也较粗。

王启民依据掌握的大量资料，对“温和注水，均衡开采”提出了自己的看法。“注 5 方水不行，注 10 方水是换汤不换药。温和注水难温和，均衡开采不均衡。”“这里每口井都有数十个油层，每个油层厚薄相差很大，各层吸水量也不同，呈典型的非均质特点，要人为达到注入水都均衡推进是违反客观规律的。”他形象地说，就像两个人在赛跑，厚油层像体力好的大个子，跑得快；薄（差）油层像体力差的小个子，跑得慢。“温和注水，均衡开采”就是让大个子和小个子跑相同的速度，这怎么行呢？让他们齐头并进，必然事倍功半，正确的处理方式是能快则快，该慢则慢。这就是王启民的“因势利导，逐步强化，转移接替”的注采理论。当时，负责油田地质开发工作的领导听了王启民的这番话后，就说：“你‘两论’学得好，讲得很有道理，要快些拿出证据来。”领导当场拍板，让王启民组织个试验小组，制定方案，到实践中试一试。

大庆油田是陆相生油的大型砂岩油田，地下重重叠叠的油层，呈现着明显的“非均质状态”。从中区西部看，这里共有45个小层，厚的七八米，薄的不到一米，渗透率相差上百倍，甚至同一油层，主体部分厚几米，边缘部位厚度只有几十厘米，差别也很大；注水井中各小层的吸水能力也相差上百倍。由于各个油层之间、同一油层的不同部位之间差异都很大，不均衡是绝对的，均衡是相对的。只有充分利用油层与油层之间、同一油层的不同部位的非均质特点，因势利导、逐步强化、转移接替才能保证油井高产。具体地说，首先要充分发挥高渗透率主力油层的作用，随着油井见水、含水上升，逐步提高这类油层的注采强度，让其多出油、出好油，适时夺取高产；在此基础上，再通过分层注水和其他措施，加强对其他油层注水，令其发挥作用。于是，王启民和同事就在一口含水高达60%、日产量30吨的油井上开始了试验。试验前，已经停止对这口井的主力油层注水，地层压力下降。试验中，他们恢复注水并逐步提高注水强度，每米注水量由5立方米提高到30立方米；在油井上相应提高产液量，保持注采平衡，压力稳定。结果，这口井的日产油由原来的30多吨上升到60多吨，含水却一直保持稳定。这口井的经验立即得到推广，全油田涌现出一批日产油百吨以上的高产井，也进一步证明了这套理论的科学性。“温和注水，均衡开采”的传统观念，被“因势利导，逐步强化，转移接替”的新理论所替代。这一“非均质”开发理论的形成，对全面提高油田的开发水平，为原油产量不断增长，蹚出了一条油田注水开发的新路子。

王启民是一个敢走前人没有走过的道路的人。王启民这把利剑经过实践熔炉的淬火锻造，闪出了耀眼的光芒。记不清有多少个日日夜夜，为了弄清油层水淹情况，王启民和工人、技术人员一起，针对每一口井的情况进行具体分析，分别设计如何注水、压裂、找水、堵水、分层调整和作业，变“温和、均衡”为因势利导。分层注水、分层开采，让“大个子”和“小个子”都能在自己的跑道上发挥作用。王启民对油水井情况了如指掌，哪一口井油层有多少、厚度是多大、产油和产水量是多少，也因此得了“活地图、活字典”的雅称。

1964 年 8 月，针对萨尔图油田注水开发的主要矛盾，康世恩主持召开大庆油田开发技术座谈会，确定施行“四定三稳迟见水”的方针；10 月，在萨尔图油田中部开发区改变笼统注水方式，全面推行分层注水，并立即组织井下作业队，对 101 口注水井、444 个注水层段进行分层注水施工作业。井下作业工人“身穿冰激凌，风雪吹不进；干活出大汗，北风当电扇”，冒着三九严寒连续施工，全面完成了分层注水作业施工任务。经过 4 个月的分层配注作业施工会战，油层水淹问题基本得到控制。从此，大庆油田的开发由笼统注水进入分层注水的阶段。从1965年开始，又对油井进行分层配产作业施工，实行了分层采油。1966年，又对萨尔图油田实施了“六分四清”分层开采方式，创造出并发展应用了以同（类）井分层为主体的开采工艺技术。这一工艺技术，产生了较好效果，油田产量保持稳定，油井平均含水上升率由1964年的6.37%下降到2.8%，油田开发水平得到进一步提高。

三十年磨一剑

王启民是继铁人王进喜之后又一个平凡而杰出的大庆人代表。让他负责一口井，他就管好一口井；让他负责一个区块，他就把区块搞成样板块；让他负责全油田的开发规划，他就把规划搞得科学可靠。新时期铁人王启民与昔日的铁人王进喜尽管经历上有许多不同，但他们有一个共同之处，那就是“都怀着一腔报国宏愿，赤胆忠诚，为共和国石油工业发展终生拼搏，无私奉献”。因此，在历史的屏幕上，先后映照出两个光辉形象：一个手握钢铁刹把，冲锋陷阵，让地球颤抖；一个手握科技利剑，闯关夺魁，叫油龙奔流。20 世纪 60 年代，王启民提出的高效注水开采方法，一举打破了当时国内外普遍采用的“温和注水”开采方式，开创出中低含水阶段油田稳产新路子。进入 70 年代，王启民和王乃举又主持“分层开采、接替稳产”的开发试验，使水驱采收率提高了10%至15%。这项长达10年的现场试验，“为大庆油田年产原油5000万吨稳产10年开拓了成功之路，并创造了科研面向生产、将科技转化为生产力的杰出典范”。

“分层开采、接替稳产”开发试验，起步于20世纪70年代初。1970年3月18日，周恩来指示大庆“要恢复‘两论’起家基本功”。大庆油田一年一度的油田开发技术座谈会，中断多年后恢复，紧接着中区西部试验区的开发试验也拉开帷幕。中区西部试验区，作为油田开发先行一步的“试验田”，旨在通过“解剖麻雀”、预测研究，为以后整个油田的高产稳产提供指导性理论和方法。作为开发试验的主要负责人之一，王启民全身心地投入中区西部试验之中。6月，为了给油田全面提高采油速度提供实践依据，王启民和同事们捆起行李卷，住进了中区西部试验区。他们在荒原上扯起帐篷，坚持吃住在现场。与王启民一起搞试验的一位同事说：“开始搞试验时条件太苦了，我们住在帐篷里，夏天又热又闷，蚊虫叮咬，身上总起包，冬天又冷得要命。”夏天潮，冬天冷，王启民的腰病时常发作，经常是弓着腰走路。有人说，你看这个罗锅多傻，搞什么试验呀，不等搞成功了先把自己搞死了。就算成功了，能得到啥。不管别人说什么，王启民该怎么干还是怎么干。

寒冬腊月，帐篷里太冷，晚上大家都回家了，王启民觉得这是看资料分析问题的好机会，就把三床棉被盖在身上，趴在床上坚持工作。王启民和同事们白天到井上测试作业、搜集资料，夜晚整理试验数据、分析比较油水变化情况，确定需要调整采取的措施，编写作业施工设计，常常干到大半夜。为了核准每一个数据、搞清地下油水每一个微小的变化，他们在不到 9 平方千米的试验区里，一干就是 10 年。可以说，王启民他们是在地层的夹缝里、在油和水之间，整整摸索了 10 年。

到 1970 年，大庆中区西部已开采了 10 年，含水 36.6%，进入中含水阶段。把采油速度提高到 2% 以上，并继续保持较长时间的稳产，就是中区西部开采试验最核心的内容。大庆油田地质储量丰富，提高采油速度，高产才有可能。王启民他们通过分层加强注水，提高注水压力，首先发挥好油层的作用，然后单卡原来的高含水层，控制油井含水上升速度，为更多的油层出油创造条件。这些措施的实施，使全区的日产油量从 1500 吨增加到 2000 吨以上，采油速度由 1.51% 提高到 2.14%，并保持了高产稳产。这项实验虽然规模不大，却意义深远，因为它为大庆油田高产稳产提供了理论和实践依据。1975 年 10 月，大庆油田党委在编制新的五年规划时，组织科技人员详细解剖了中区西部试验区的稳产经验，并按其提供的各种数据在全油田开展了大调查，经过充分论证认为，按照中区西部的做法，“立足于原有井网、立足于自喷开采、立足于已有工艺、立足于发挥主力油层作用”，全油田把采油速度提高到 2% 以上，1976 年就可以实现年产 5000 万吨的目标，并可以实现较长时间的稳产。于是，大庆油田主动把原定 1980 年达到 5000 万吨的目标提前了 5 年，并制定了“高产五千万（吨），稳产十年”的奋斗目标。

随着中区西部开采程度不断提高，地下情况也在不断发生变化，旧的矛盾解决了，新的矛盾又产生了。到 1975 年，试验区主力油层产量下降幅度增大，油井平均含水上升到 54%。这表明油田将进入中高含水开采期，王启民他们又面临着一次新的考验。于是王启民他们开始重点探索提高中低渗透层的产量。对好油层渗透率低的部位，利用细分工艺，把注水、堵水、采油、压裂等措施结合起来，提高注水驱油体积；对差油层采取分层压裂、双管采油、部分井重新补孔等措施。通过综合施策，使连通好的中低渗透率油层提高采油速度，以增加的产量来弥补高渗透油层递减的产量，实现了全区稳产。中高含水期接替稳产试验的成功，不仅为分层认识、改造油层提供了大量科学数据，而且为在全油田打一次加密调整井提供了挖潜方向、挖潜对象，进而增加了油田长期稳产的可靠性。

这一时期，国家经济非常困难。1975 年 8 月，主持中央工作的邓小平要求大庆油田进一步提高采油速度，为国家提供更多的原油。邓小平指示：“要大力开采石油，尽可能多出口一些。”历来自觉为国分忧、与党和国家共命运的大庆人，深深感到自己的责任重大。王启民深有感触地说：“我们科技人员也恨不得掀开地层，把石油取出来。为国家排忧，王铁人宁肯少活二十年，拼命也要拿下大油田；为国家解难，我宁可把心血熬干，也要让油田稳产再高产！”那年冬天，气温降到了零下 30 多度，王启民和试验组的 4 名同事顶着北风，坚持住在工地上，晚上经常被冻醒。房子小，只能放三张床，他就抢着睡桌子。由于休息不好，加上过度劳累，他的风湿病又加重了，腰和背疼痛难忍，整天弓着腰，手指头也不听使唤，连鞋带都系不上。有时疼得实在受不了，又不能让同事分心，他就想些美好的事儿，一颗一颗地数天上的星星。有一阵子，星星也数不成了，风湿病引起眼睛虹膜发炎，一发作起来，头痛眼也痛，让人直想往墙上撞。大夫说他患的是类风湿强直性脊椎炎，一生难以治愈。一天傍晚，他从作业队往驻地走，为了抄近路，就在荒野中穿行。突然，被绊倒了。仔细一看，原来是一块土坷垃。“真没用！”王启民一边埋怨自己，一边支撑身子，却怎么也站不起来，觉得上身和下身都脱节了。想起医生对他说过，不抓紧时间治疗，可能会引起瘫痪，眼睛也有失明的危险，他一下子紧张起来，心想，“这可糟了，我还年轻啊！我不能在这个时候倒下”。他咬紧牙关，想站起来，但腰部一阵剧痛，怎么都起不来，他哭了……他慢慢活动四肢，先是坐起来，然后单腿先跪起来，再用一只手拄地，终于站起来了！打那以后，他把时间看作生命，不浪费每一分每一秒，抓紧试验区的工作，盼望早一天打开这个能够展示油田前景的窗口。

石油地质工作者的“斗争对象是油层”。王启民他们身在地面，心在地层。从地层有多厚、油层有多少、范围有多广、埋藏有多深，到油水如何运动、如何分布，不同层的流体流速有多快、压力差异有多大、温度有多高，各种参数如何变化，等等，都要精心收集。不仅要收集庞大复杂、难以计数的第一手资料，还要经过实验室对各种参数进行测定、模拟试验和数值模拟计算以及物理、化学分析，才能准确认识和掌握几千米以下地层中的油、气、水动态规律。就这样，王启民和同事们穷10年之功，采集分析了1000多万个数据，创出了“分层开采”的方法，不仅保持了试验区中含水期的高产稳产，还绘制出了大庆油田第一套试验区高含水期地下油水饱和度图（图 2–3），摸清了油水在平面上和剖面上的分布情况，研究了油水的层间矛盾、平面矛盾、层内矛盾及其演变过程，揭示出了油田不同含水期开采的基本规律和稳产办法。

大庆油田十年规划实施的第一年，全油田生产原油达

图 2–3　王启民与科技人员一起，应用沉积相研究成果，探测地下油、水分布特点

到 5030 万吨。这个数字表明，大庆油田不但跨入了世界特大型油田的行列，而且开创了中国石油工业发展的新纪元。看到有关资料表明：大庆油田以成倍增长的出口原油为国家换回了大量外汇，最高年份全国每 100 元换汇额就有大庆人创造的 14 元，这让王启民感到特别光荣和自豪。越来越重的风湿病使王启民的腰有点弯曲了，可为了国家的富强、为了石油工业的发展，他认为再苦再累也值得。1978 年初，当主管油田开发的领导听取中区西部试验情况的汇报后，高兴地对王启民说：“你是个实践家，大庆（油田）十年稳产没问题了，路子你们已经走出来了。全国要召开科学大会，这个项目要报奖！”从来没有想过名利的王启民，党和国家没有埋没他。1978 年，王启民他们的试验项目获得全国科学大会奖。王启民也因为有突出贡献，当选为第五届全国人大代表。

科学技术的春天来了！王启民和他的同事们以更大的热情投入试验中，一直到 1980 年整个试验结束。中区西部“接替稳产”试验的成功，在大庆油田开发史上有着极为重要的地位，人们永远不会忘记它的引路作用。

三 面壁十年图破壁

王启民想国家所想，急油田稳产所急，犹如探险家一样不断向油田开发研究的新领域进军。1985 年，大庆油田第一个稳产 10 年的目标胜利实现后，又提出了第二个稳产 10 年的奋斗目标。这是更加艰难、更富有挑战性的 10 年。经过多年开采，大庆油田已经进入高含水期。如果没有足够的接替资源，储采将严重失衡，原油产量势必出现快速递减。所以，必须做好战略性先导试验，搞好技术储备。石油是不可再生资源，要想做到储采平衡，继续高产稳产，就必须挖掘潜力。那么，这个潜力在哪里？挖潜的主攻方向在哪里？大庆石油管理局决定开展表外储层开发试验。

在油田开发实践中，王启民逐渐认识到大庆油田表外储层中的潜力是很大的。所谓表外储层，是指厚度在 0.5

米以下的薄油层，就像做衣服剩下的边角废料、针头线脑，一般很难再有利用价值。按国际惯例，这些特差油层是不计算在储量表内的。可大庆油田每口井都有表外储层，而且每个油层也都有。单独看这些油层很“瘦”，但大庆油田含油面积有几千平方千米，所有这类油层加起来不是很“肥”吗？如果这类油层开采成功，就可以变废为宝，使大庆油田增加几亿吨的石油地质储量，等于又为国家找到了一个大油田！当管理局领导问能不能做到再稳产10年时，王启民的回答是肯定的。这时，王启民已在油田勘探开发研究院担任了技术领导职务。他相信，依靠广大科技人员的努力，表外储层这些差油层是可以“变废为宝”的。

表外储层中约三分之一是含油砂岩，其余全是泥岩；多数储油层厚度只有20 ~ 50厘米，胶结比较致密，渗透性很差。这类薄油层开发，国内没有先例，国外同行认为没有经济效益，也从不开采。“明知山有虎，偏向虎山行”，王启民和同事们又投入到攻克表外储层的开发试验中。他们选择有利地区，打了3口试验井，但射孔投产后不出油，根本没有产量。他认真观察后发现，只在起出油管的管壁上沾了一点点原油。不少人感到前途渺茫，有人质疑说：“含油性这么差，能有工业开采价值吗？”有人劝他，表外储层是客观存在，但还不具备工业开采价值，作为稳产对象放到规划中风险太大了，万一落空，影响了第二个10年稳产，这个责任你担得起吗？王启民的爱人也劝他说：“老王啊，螃蟹壳里的肉好吃，螃蟹腿里的肉也好吃，螃蟹的尖尖爪可不好吃啊，万一卡在嗓子眼里，嚼不烂、咽不下，到时候多难受啊！”他爱人说的不是没有道理，这的的确确是一个困难大、风险大的试验。但王启民胸中始终装着一颗“面壁十年图破壁，难酬蹈海亦英雄”的心。多年来，王启民经常勉励自己：人生道路一旦选定，就要勇敢地走到底，只有坚韧不拔才能找到新路，也才能获得成功。他认为，搞石油的人，思想里首先要有油，只有不断解放思想，依靠科技进步、勇于探索，地下的油才能不断被挖掘出来。王启民一如既往地坚守在现场。他根据油管壁上沾的一点点油迹，用放大镜长时间仔细观察“毛毛层”的岩心，越看心里越亮堂了。这些“毛毛层”中的原油，实际上是运动着的、是鲜活的，他坚信是可以采出来的。他认为，地下的厚油层和薄油层就像一棵大树的主根和须根一样，从断面上看，这些油迹斑斑点点，是孤立的，但地下的油层是立体的，所有的薄层都像大树的须根，根根与厚油层紧密相连。王启民得出结论：

既然原油在运移聚集的过程中，能够进入这部分储层的空隙中，油藏形成时地质构造又没有受到强烈破坏，那么表外储层中的油，用水驱的办法应该也能采出来；采取缩小井距，对薄油层进行压裂和强化水驱、抽油开采等办法一定可以把它开采出来。“变废为宝、点石成金”，王启民下定决心，向国内外公认的这块难啃的硬骨头——表外储层要油。于是，他和同事们开始了艰难的攻关。这期间，他们历经了数次失败。面对失败，王启民伤心过，觉得给国家造成了损失。但他没有气馁，他认为只有俯首在勇士脚下的高峰，没有横亘在战士面前的天堑。他与有关人员认真分析失败的原因，重新审查方案，积蓄力量准备再干。

在管理局领导的支持下，1986 年初，王启民他们又制订了详细计划，并成立了试验小组，在杏树岗油田杏五区开辟了一个小型试验区，部署油水井 19 口。他们先对其中的 7 口井进行详细解剖，深化对表外储层的认识。对岩心的分析表明，每口井的表外储层都多达 50 层，各层加起来每口井含油厚度达 30 多米。选择部分油井分别试验后，得出结论：如果不对表外储层进行压裂改造，产油量太低，没有工业开采价值；进行压裂改造后，每口井可日产油 6 ~ 8 吨，有较好的经济价值。这大大高于大庆油田外围特低渗透油田的产能——每口井日产油 2 ～ 3 吨。这一结果，坚定了油田决策层开发表外储层的决心，要求试验区内 19 口井要尽快建成投产，进一步验证开发试验效果。1987 年 9 月，试验区 19 口井全部投产，随即又出现了一个新情况：有一半的油井含水高达 60%。表外储层能不能开采，又成了人们争论的焦点。听到种种议论，王启民认为，在学术问题上大家看法不同是正常的，说服别人最好的办法是尽快拿出事实证据来。于是，他和试验组的同事一口井一口井地反复分析试验数据，终于找到了症结：试验井高含水，是井点上表外储层和高含水表内储层窜槽所致。在现场工程技术人员的努力下，经过 52 次封窜、堵水，逐渐使每口井都实现了正常生产，初期日产油量稳定在 8 吨左右。试验表明，表外储层大有潜力。

1986 年，国家人事部授予王启民“中青年有突出贡献专家”称号。一份荣誉一份鞭策。王启民始终把自己定位在石油地质开发的坐标系上，成千上万的数据，都紧紧系着他的每一根神经；地下油水的每一个微小变化，都足以让他牵肠挂肚。他无法使自己停下来，病痛也好、烦恼也好，一接触到那些跳跃着油田生命的数据、资料和图表，什么都烟消云散了，他沉浸其中感到其乐无穷。王启民说：“任何报酬，都不如给我时间。”1988 年，王启民又带领试验组将矛头指向了最差油层——含钙表外储层。这种表外储层，油层更薄、更致密、更坚硬，就像“磨刀石”一样，且含油性更差。有人认为，这种油层是石油开采界限以下禁区中的禁区，打井本身就是浪费。如果把这种“含钙表外储层”扔到大街上，又有谁能相信这里面能开采出石油呢？但王启民和大家反复研究后，决心再闯禁区，进行被人们称为“敲骨吸髓”的试验。为了尽量减少浪费，他们采取了一种新的布井方法：借用已完钻但还没投产的3口一次加密井，再加打1口新井。这种“三借一打”的方法，可保证即使新井不出油，其他井还可以正常生产。然而新井投产后，根本没油。他和搞工艺的同事一起讨论、设计方案，对油层进行强化压裂，并配以高压注水。这套方法果然见效，油井初期日产油5吨以上，半年后，在注水见效条件下日产油可稳定在3吨左右。

这一禁区的突破，有力证明了王启民的观点：“石油开发的‘禁区’，既然是人设定的，那么，人就可以打破它。”王启民认准了这个理，他和同事们在对“表外储层”的开发上，一干就是7年。在这7年时间里，王启民他们通过对1500多口井进行地质解剖、分析研究，对4个试验区45口井采取试油、试采和注水开发，对10口取心井进行岩心观察、照相、取样分析测定，将理论研究与反复实践相结合，对表外储层的地质特征、潜力分布、开采条件、产能特点、挖潜效果及开发经济效益等方面都有了正确认识，从而为全面开发表外储层提供了科学依据。

表外储层开采的成功，大大解放了人们的思想，扩大了油田开发的领域。开采表外储层，不仅可以采出其所控制的部分储量，还可以采出相邻厚油层中过去动用不了的储量。将表外储层与表内储层作为一个整体考虑，二者互相结合，可以实现“高注低采”“厚注薄采”，使表内储层原有注采关系得到完善；表内储层也为表外储层的潜力发挥提供了有力的物质和能量补充。同时，也促进了石油地质研究和钻井、测井、采油工艺等多方面的技术进步。在各方的共同努力下，经过反复测算，大庆油田表外储层的地质储量可达 7 亿多吨，这为大庆油田继续高产稳产提供了资源保证。

在表外储层开采的探索研究过程中，王启民他们先后闯过多道难关，终于取得了丰硕成果。大庆油田先后布井 1 万多口，仅低渗透层和薄油层增加的石油地质储量就达 10 亿多吨，相当于为国家找到了一个新的大油田。他们依靠薄油层固井、防窜、封窜技术，薄油层水淹层测井系列解释技术，保护薄夹层的限流及平衡限流法的压裂改造技术，深透无杵体射孔技术，大排量、高含水井的找水、堵水技术，以及各方面的相应措施，成功开采出了表外储层及其周围的原油。低渗透薄油层开采、差油层挖潜，成为大庆油田稳产的接替力量。表外储层开采的成功实践，对提高油田采收率起到了重要作用，也使王启民越发懂得了“科学有险阻，苦战能过关”的道理。

四 鞠躬尽瘁尽全力

20 世纪 90 年代，王启民组织实施的“大庆油田高含水期稳油控水系统工程”结构调整技术，创立了油田高含水后期“控液稳产”新模式。这项“控液稳产”系统工程，凝聚了大庆油田广大科技人员的心血和智慧，王启民作为主要参与者作出了突出贡献。而“控液稳产”这一成果的意义，也远远超出了保证大庆油田稳产高产。在中国石油天然气总公司的倡导推广下，这一项目的总体思路、基本方法和关键技术，从1992年开始就在全国各油田普遍推广，为进一步提高陆上石油工业的经济效益，提供了有益的借鉴和可行路径，对实施“稳定东部、发展西部”战略起到了重要作用。1995 年，“大庆油田高含水期稳油控水系统工程”项目获得中国石油天然气总公司科技进步奖特等奖；1996 年，“大庆油田高含水期稳油控水系统工程”项目获得国家科学技术委员会颁发的国家科技进步奖特等奖。

1984年，王启民承担了大庆油田第二个5000万吨稳产10年（1986—1995年）规划的编制任务。这个规划，囊括了“七五”和“八五”两个五年计划。根据预测，“八五”期末，油田含水将超过85%。老油田自然递减是必然规律，如果不打二次加密井，主力油田的原油产量将降到5000万吨以下，而国家要求年产油5500万吨不能降，这超出的500万吨计划指标怎样弥补、从何而来？在大庆油田外围寻找新的油田，其产能低、效益差，而且短时间内形成大规模生产能力是不可能的。所以，立足点必须放在老油田综合调整挖潜上。当时，大庆油田已全面进入高含水开发期，如果沿用世界上普遍采用的“提液稳油”做法，保持5500万吨稳产，年产液量要增加1.6亿多吨。大幅增加年产液量，将增加基建工程量和开发成本。投入资金加大了，经济效益自然就大幅降低了。

从国民经济发展战略出发，石油工业要“稳定东部，发展西部”。中国石油天然气总公司要求“东部硬稳定”，大庆油田务必要为东部稳定“雪中送炭”。当时，东部地区绝大多数油田已经处于高含水后期，西部地区尚处在勘探开发期。如果东部油田稳不住，全国石油产量就会有较大波动。约占全国陆上石油产量半壁江山的大庆油田，如何继续保持高产稳产?

1991年初，在大庆油田开发技术座谈会上，来自全油田的科技工作者，各抒己见、献计献策。经过集思广益，决定在全油田实施“稳油控水”战略。“稳油控水”涉及以沉积相为重点的精细地质描述和可采储量预测等九大配套技术及上百个攻关项目，全油田几万名科技人员和广大职工都要投身到这一巨大的系统工程中来，这是新时期的一场科技大会战。

为实施“稳油控水”工程，在调查研究的基础上，经过群策群力和科学论证，王启民提出了“三分一优”结构调整的具体做法和原则。“三分”：一是在全油田进行地区结构调整；二是在各地区（采油厂）进行分类井结构调整；三是在各类井中，针对分层含水状况进行分级结构调整。“一优”：全方位优化综合调整措施，高含水地区及生产井以降液控水为主，低含水地区及生产井以提液增油为主。这个方案，改变了油田开发各个阶段都要提液的传统做法，很快在全油田推广开来。它使大庆油田实现了三年含水上升率不超过1%的目标，有效地控制了产液量剧增的局面。“八五”期间，累计多生产原油610多万吨，少产液2.47亿吨，累计增收节支150多亿元。这一凝聚着油田广大科技人员和职工心血的成果，向世人宣告，大庆油田又攀上了世界油田开发的新高峰！世界上同类油田高产稳产的最长时间是12年，而到1996年底，大庆油田已高产稳产了21年！实现了大庆石油会战初期提出的“要在油田开发上当世界冠军”的目标！1996年，“稳油控水”系统工程项目获得国家科技进步奖特等奖，王启民出席了在北京举行的颁奖大会。1月17日，在人民大会堂福建厅，江泽民、李鹏亲切地接见了王启民。江泽民拉着王启民的手，关切地问：“你有脊椎炎，还有三个字是什么？”江泽民对一名科技工作者的关心，使王启民非常感动，赶忙说：“类风湿。”江泽民摇了摇头，亲切地说：“还有三个字”。王启民说：“是类风湿在腰上的反映，变成强直性脊椎炎。”江泽民点点头说：“是强直性，要注意身体。”王启民感动得不知说什么才好，心里暗暗发誓：一定要为大庆油田的持续高产稳产鞠躬尽瘁！

党中央、国务院始终关注大庆油田的可持续发展。1996年3月21日，胡锦涛同志在接见中国石油天然气总公司和大庆油田主要领导时指出：“大庆这面旗帜，在全国人民心目中有着很高的地位。”“大庆的历史功绩，不仅在于为国家生产了十几亿吨原油，而且在于为国家造就了一支英雄的工人阶级队伍，培养输送了一大批领导骨干和科技骨干；不仅在于创造了巨大的物质财富，而且在别人卡我们脖子、国家十分困难的时候，用石油支撑了我们共和国的经济大厦，还有很重要的一条，就是在大庆油田的开发建设中培育了大庆精神、铁人精神这一宝贵的精神财富。大庆的领导班子有责任教育我们新一代大庆人，牢记大庆的光荣传统，永远不忘那些为大庆的开发建设作出历史贡献的同志们，永远不忘大庆的光荣传统。希望同志们发扬传统，努力开拓创新，做到承前启后，继往开来。”

1997 年 4 月 17 日，在北京人民大会堂举行的王启民先进事迹报告会上，新时期铁人王启民发出“宁肯把心血熬干，也要让油田稳产再高产”的心声：“我为党和人民做了一点应该做的事情，也可以说是尽了一个石油科技工作者应尽的责任，党和人民给了我很高的荣誉。我的成长离不开党的关怀和培养，离不开大庆精神的哺育和熏陶。每一项成果的取得都是油田几十万职工共同努力的结果，我个人的作用太有限了。我永远记着铁人王进喜讲过的一句话：功劳应该写在党和人民的账本上，我的小本本上，只能记差距。”

“大庆油田二次创业比当年石油会战更艰巨，科技含量更高，作为大庆油田勘探开发研究院院长，作为大庆科技队伍中的一个老兵，我倍感使命在身。成绩属于过去，前面任重道远。我今年 59 岁，但我觉得自己还年轻，和大庆油田一样充满着生机和活力。我要继续发扬大庆精神和铁人精神，不辜负党和人民的期望，为创造油田跨世纪的辉煌，贡献我的所有、我的全部力量！”

“发扬大庆精神，搞好二次创业。”1995 年，江泽民的题词，成为大庆油田二次创业的进军令。“宁肯把心血熬干，也要让油田稳产再高产”，是王启民为之奋斗的崇高目标。在他担任大庆油田勘探开发研究院院长职务的那天上午，他就急匆匆赶到研究院采收率室，了解一种新驱油方式的试验进展情况，和大家一起讨论这一国家重点课题项目。他深知这一项目在二次创业中的分量。为了实现油田稳产这个大目标，作为油田勘探开发的研究部门，必须有强有力的科技措施作保证。年近六旬的王启民，老骥伏枥、精神抖擞，全力投身到二次创业的洪流中（图 2–4）。他要为他组织编制实施的大庆油田 1996—2010 年长远开发规划目标的实现再加上一把力。

到 2002 年，大庆油田已实现连续 27 年年产原油 5000 万吨稳产高产，创造了世界同类油田开发史上的奇迹，为建立中国现代石油工业体系作出了重大贡献。为打开地下油库的大门，王启民不顾个人安危，呕心沥血为国夺油，纵使百折而无怨。在他的风湿病转移到眼睛上，引起虹膜炎，两只眼球血红血红时，大家劝他去养病，他却说：“我是组长，最了解试验方案和进展情况，怎么能走呢？”在他的妻子陈宝玲心疼他的身体，悄悄地协商好调他去北京工作时，他却在商调函上写上“本人不同意”。他对他

图 2–4 “新时期铁人”王启民展示由他设计的科技创新攻关曲线图

妻子说：“那里有大油田吗？要走你走，我不走。”王启民在大庆油田一干就是 50 年，他一次次闯过限制油田开发的“门框框”，将青春和热血洒向他一生钟情的石油事业。他是卓有成就的地质专家、石油科技界的楷模，从他身上不仅可以看到“铁人”的顽强拼搏精神，更散发着“科学技术是第一生产力”的光辉。他处处以国家和人民的利益为重，毫无自私自利之心。“一个人的能力有大小，但只要有这点精神就是一个高尚的人，一个纯粹的人，一个有道德的人，一个脱离了低级趣味的人，一个有益于人民的人”，王启民就是这样的一个人。

2009 年 6 月 26 日，在大庆油田发现 50 周年前夕，胡锦涛专程到大庆油田考察，看望慰问一线干部员工、科研人员和劳模代表。在 1205 钻井队施工作业现场，胡锦涛对大家说，“与 50 年前相比，现在的条件已经有了很大变化，但是大庆精神永远是激励我们不畏艰难、勇往直前的宝贵精神财富。希望同志们高扬大庆钢铁 1205 钻井队的旗帜，发扬优良传统，继续艰苦创业，为我国石油工业的发展作出更大贡献”。他还激情满怀地同工人们一起唱起“高举红旗去战斗，踏着铁人脚步走”的石油赞歌。在大庆油田勘探开发研究院，胡锦涛对大家说，大庆油田以往的辉煌离不开自主创新，大庆油田今后的可持续发展同样离不开自主创新；你们提出的“超越权威、超越前人、超越自我”，提得非常好，希望同志们继续弘扬这三个“超越”精神，树立更高目标，攻克更多的技术难关。在大庆油田历史陈列馆，胡锦涛同大家一起重温大庆油田创业和发展历程，亲切接见王启民等劳动模范和优秀党员代表以及铁人王进喜的家属。他深情地对大家说，“50 年来，以铁人王进喜为代表的一代又一代大庆创业者，怀着为国争光、为民族争气的远大胸怀，克服了重重困难，创造了极不平凡的业绩。大庆生产了国家经济发展所需要的大量的宝贵石油产品，培育了‘爱国、创业、求实、奉献’的大庆精神，锤炼了敢打硬仗、勇创一流的英雄队伍，在我国石油工业发展史上，谱写了光辉的篇章。大庆为国家、为人民所做的历史贡献，党和人民永远不会忘记”。

2019 年 9 月 17 日，国家主席习近平签署主席令，授予王启民“人民楷模”国家荣誉称号（图 2–5）。

图 2–5 “人民楷模”王启民

Chapter 03

第三章

铁人精神薪火相传

习近平同志在“大庆油田发现50周年庆祝大会”上的讲话中指出：“大庆精神、铁人精神已经成为中华民族伟大精神的重要组成部分，永远是激励中国人民不畏艰难、勇往直前的宝贵精神财富”，“大庆油田作为我国工业战线的一面旗帜，一定要始终坚定不移地高举中国特色社会主义伟大旗帜，在任何时候、任何情况下都要牢记使命”。大庆油田广大干部职工不忘初心、牢记使命，发扬大庆精神、铁人精神，着力转变发展方式、着力推进自主创新，加大油气资源勘探开发力度，保持油田稳产高产，努力创造百年油田，为保障国家能源安全、促进国民经济和社会发展作出更大贡献。

“艰苦奋斗是大庆精神、铁人精神最鲜明的特质，也是大庆的传家宝。”时代造就铁人，大庆精神、铁人精神薪火相传。铁人王进喜，为了祖国的石油事业“宁肯少活二十年”；新时期铁人王启民，为了让油田稳产再高产，“宁肯把心血熬干”。铁人精神是永恒的，它以其潜移默化的强大精神力量不断激励着一代又一代石油人。在中国石油工业改革开放的大潮中，新一代铁人又站了出来，李新民就是他们中的一名优秀代表。2011年6月28日，中国石油天然气集团公司党组印发《关于授予李新民“大庆新铁人”荣誉称号，开展向李新民同志学习活动的决定》。

李新民成为继铁人王进喜、新时期铁人王启民之后的大庆油田第三代铁人（图 3-1）。

李新民，中共党员，工程师，先后担任大庆油田钻井二公司钢铁 1205 钻井队队长、钻探工程公司鲁迈拉项目部副经理、伊拉克哈法亚项目部经理、中东分公司常务副

图 3-1 “大庆新铁人”李新民

经理。先后荣获中国石油天然气集团公司劳动模范标兵、中央企业劳动模范、全国劳动模范等荣誉称号，当选为党的十八大、十九大代表。

李新民是钢铁 1205 钻井队第 18 任队长。他带领 1205 钻井队在国内扛红旗、站排头，出征海外创纪录、立标杆，把中国石油的红旗插上了国际钻井市场的制高点。他告诉时代，铁人的传人，应该是什么样的人；他告诉世界，大庆精神、铁人精神为什么会是中华民族伟大精神的一部分，中国共产党人的伟大精神何以会那样让人肃然起敬。

二 踏着铁人脚步走

“大庆油田过去发展靠艰苦奋斗，今后发展仍然要靠艰苦奋斗。”大庆新铁人李新民，靠艰苦奋斗精神，从一名普通钻工，一步步成长起来，先后担任1205钻井队技术员、副队长、党支部书记。2003年，李新民成为1205钻井队第18任队长。他始终传承弘扬大庆精神、铁人精神，以铁人老队长王进喜为榜样，团结带领1205钻井队员工，创下了打井最多纪录，实现了铁人队的夙愿——每年每人为国家打井一口。李新民有铁人王进喜当年那股拼劲儿，他当钻工从不叫苦，是老师傅最喜欢的小伙子；他当技术员善于学习琢磨，是井队当中的技术能手；他当队长从不言败，踏着铁人的脚步向前走，走到哪儿都是一面红旗。

“我非常幸运，中专毕业就分配到了英雄的1205钻井队，这里是大庆精神、铁人精神的大熔炉。”做一名石油工人，是李新民的梦想，打从参加工作开始，他便踏上了寻梦之旅。1990 年 6 月，李新民分配到 1205 钻井队工作时，由于身体单薄，每次工作后都累得不想吃饭，使他真正品尝到钻井队的艰辛。一个几百斤重的大钳吊在半空，要抡起来紧扣在钻杆上，不仅要有力气，还要有技巧。“当时班组搞竞赛，由于力气小，加上技术要领掌握不好，每次打大钳都扣不上钳框。”李新民说，当时真想找个地缝钻进去。

不服输的李新民只要一有空，就跑上钻台练习打大钳，胳膊抡肿了，手上磨出了血泡。经过千百次的磨炼，他终于全面掌握了操作要领，打大钳、下卡瓦、对丝扣这些粗中有细的技术活，李新民都一一拿下，并成为全队人人夸赞的技术能手。“无论干啥都要苦练基本功，打那以后，吃得多、睡得香，身体也有劲了。”李新民说，既然来到铁人队，就要长出铁骨头，就要像铁人老队长那样练一身真本领、硬功夫。他下班后常常留在井上，给老师傅当帮手，为技术员打下手，有空就刨根问底地请教。大伙儿看他勤奋，也愿意教他。凭着这股劲儿，不到半年，李新民就拿起了井队 6 个岗位的技术活儿。就这样，李新民从一名普通钻工，逐渐成长为 1205 钻井队队长。

随着大庆油田勘探开发形势的发展，对定向井、水平井这类特殊工艺技术井的需求越来越多。1205 钻井队打直井始终是标杆队，是全国打井最多、进尺最多、获得荣誉最多、创造历史纪录最多的钻井队。新一代钻井人，扛着铁人这面红旗，踏着铁人的脚步走，但在新形势下能不能走出一条新路，他们面临着新的考验和挑战。李新民说："标杆队是干出来的，也是学出来的。当学生不丢人，打不好井才丢人！"所以只要有空，李新民就和工友们前往打定向井的井队学习。一次次跟班作业，什么活苦、什么活累，他们就干什么，只想尽快学到关键技术。

铁人队也能打定向井、水平井这类特殊工艺井，为此，李新民没少去跟领导请战。他经常跟队友们讲："1205 钻井队如果不敢啃硬骨头，那就变成了豆腐队。我们决不能吃老本，啥时候都要有真本事，才能真正在油田发展中当先锋、站排头。"2000 年 5 月，1205 钻井队历史上第一口定向井成功完钻，实现了由单一型向多井型的历史性突破。由于技术准备充分，仅用了 7 天就打出了定向井，比设计提前了两天。随后，他们又在丛式井定向井、中深井等特殊工艺井施工上不断取得突破。在队长李新民的带领下，几年的时间，1205 钻井队迅速成为一支具备多种井型施工能力的钢铁钻井队，不仅创下了用一个平台打 13 口定向井、平均井距只有 6 米的大庆油田打井纪录，还成功完成了大庆油田首口长水平井段取心井施工任务，创出了全国纪录。这些成就表明，铁人 1205 钻井队在打工艺技术井上同样是标杆队（图 3–2）。

一批批年轻的钻工，为什么进了 1205 钻井队，就能够成为真正的铁人？队友们说：“新民队长让我们理解了什么是‘旗帜’，在铁人队，熔入一块铁，就能锻出特种钢。”在这从“铁”到“钢”的过程中，李新民有活儿与大家一起扛、有危险自己往前冲，遇到问题时是大家的主心骨，是没什么艰难能把他打倒的“李铁人”。1205 钻井队第 19 任队长胡志强与李新民共事多年，非常了解李新民带队伍的辛苦。“李新民当队长的时候，我是 1205 钻井队的党支部书记，新民常跟我交流，要扛好红旗、带好队伍，关键时刻，干部必须能顶得住、冲上去。2004 年的寒冬腊月，在我们 1205 钻井队马上要迎来钻井进尺突破 200 万米大关的紧要时候，井上突然发生意外，零下 30 多度，是新民亲自爬到几十米的高处，处理好问题，让 1205 钻井队的历史上没留遗憾。祝捷会上，上级领导给我们奖牌，新民用已冻僵的手，接过了这块沉甸甸的牌子。”人们常讲，喊破嗓子，不如作出样子。铁人精神，很多时候，都是有形的。2004 年 2 月，李新民带领钢铁 1205 钻井队，在全国率先突破钻井总进尺 200 万米大关（图 3–3）。

大庆新铁人李新民，有着钢铁般的意志。在他“铁

图 3-2　李新民在钻机操作房

心”的背后，也有着真心、真意、真情。大家都知道1205钻井队是标杆，但不是每个人一到1205钻井队就能达到标杆队的标准。曾经有名青工，刚到队上的时候脾气急、好惹事，各个班都不愿意要。有人建议，把他调走算了。这名青工也有点破罐子破摔，甚至有时候跟队干部对着干。李新民对大家说，铁人队决不能让任何一个人掉队。一有空，他就跟这名青工讲自己对1205钻井队的理解，让这名青工一点一点地感觉到，能成为1205钻井队人真的很光荣，但要成为真正的1205钻井队人也不那么容易。这名青工很聪明，就是没有耐性、干活毛糙，李新民就时不时地提醒他；他在花钱上大手大脚、不算计，李新民就把他每月的工资都扣下来一部分，替他存起来。到年底的时候，这名青工已从场地工成长为副司钻，还评上了铁人式员工。当李新民把荣誉证和一万多块钱的存折，交到他母亲手里的时候，老太太哭了，说：“这孩子不出去惹事、能让我们少操点儿心，我就知足了，从来没想到有一天他还能成才。李队长，我谢谢你！”

有人问李新民的妻子为什么会选择这个人相伴一生，她说：“我想，这么热爱工作、这么认真做事的人，一定能靠得住。”她没有看错人。虽然在他们20年的生活里，他只在家里过了5个春节，只在她生孩子的时候请过3天

图 3–3　2004 年 2 月，钢铁 1205 钻井队钻井总进尺在全国率先突破 200 万米

假。“他爱我们这个家，但他更爱钻井和石油。”李新民的妻子说的一句话，让很多石油工人和他们的家人潸然泪下。“这么多年了，你要问钻工的妻子，世界上什么声音最好听，要我说，那就是丈夫回家开门的声音。”

铁人王进喜说：“我这一辈子，就是要为国家干好一件事，快快地发展我国的石油工业。”新铁人李新民说：“这一辈子，能明白为啥打井、怎么打好井，就没白过。”（图 3–4）他认为自己这辈子，有三个庆幸：一是庆幸自己成为石油工人，二是庆幸成为 1205 钻井队人，三是庆幸能一辈子跟铁人老队长干一样的事。“宁肯少活二十年，拼命也要拿下大油田。”每次重温铁人老队长王进喜这句话，都使李新民更加坚定“宁肯历尽千难万险，也要为祖国献石油”的信心和决心。

图 3–4　李新民在巡查设备

三 把井打到国外去

党中央、国务院高度重视石油工业的可持续发展，中央领导强调指出："能源是我国经济发展的制约因素，石油可以说是最突出的制约因素。要积极开发利用国内资源，还要积极利用国外资源。利用国外资源不仅是进口油，还要研究如何参与国外石油开发，以保证有可供利用的稳定资源。"20 世纪 90 年代，大庆油田开始"走出去"，进入激烈竞争的国际油气资源能源市场，但这些市场大多位于开发困难、自然条件恶劣、战乱不断的地方。随着"走出去"步伐的加快，大庆油田先后有 100 多支队伍走出国门，奔赴海外闯市场。

"把井打到国外去"，是 1205 钻井队铁人老队长毕生的梦想。出国闯市场、打井找油难不难？凡是搞石油的人都知道，是难上加难。新铁人李新民说："难。但，走出去，就得豁出去！有大庆精神、铁人精神，就没有迈不过去的坎儿，就没有树不起来的旗。”2006 年 2 月 21 日，李新民和1205钻井队出征海外，他们的第一站是被称作“世界火炉”的苏丹——一个饱经战乱、百废待兴的非洲国家。3 月 7 日，设备经由海路运到苏丹港，然而李新民他们看到的是：甲板上的设备都在海水里泡着，有的板房房门都被风浪打掉了。运输船的船员告诉他们，船在南海遇到了大风浪，当时为“保船”差点把设备扔到海里。但幸运的是设备按期运到了，当务之急，得马上清关，查看设备损失。要完成上百部设备、上千吨器材物资的清点和搬运，十几个人干，最快也要半个月。于是，李新民他们 6 个人，吃住在码头，只用 6 天就完成了清关，创造了苏丹港人数最少、用时最短的清关纪录。从港口到井场有 1200 千米，他们只用了 17 天就把 102 车设备器材全部运了过去，比同类钻井队整整少用了一周时间。

在井场安装调试设备时，李新民他们发现，3 台柴油发电机中有两台被海水腐蚀严重。而要开钻，必须两台发电机同时运转才行。当时，距离合同规定的开钻日期只有 14 天了。甲方也知道了设备受损的事，认为绝对不可能如期开钻了，所以，要求 1205 钻井队撤离井场，什么时候修好设备再回来，所发生的一切费用自理！队上的机械工程师觉得这回恐怕要折在苏丹了。当晚，李新民辗转反侧，一夜未眠，他真是不甘心！出国打井，井架子都没立起来就被撵走了，这砸的是1205钻井队的牌子，更是大庆钻探队伍的声誉和市场。他满脑子就一个念头：这个时候，只能进，不能退，“没有条件创造条件也要上”；哪怕拼了命，也必须如期开钻，大庆的队伍决不能倒在这儿！

第二天一早，李新民就给甲方总部发去一封邮件，郑重请求并承诺：“让我们留在这个井位，1205钻井队一定会按时开钻，并保证如期完井，否则，承担一切后果！”在随后的几天，李新民跑遍了所在区块的所有中国井队，终于找到了一台准备大修的柴油发电机，但型号、功率与1205钻井队的发电机不一样，需要进行改装。队上的机械工程师对当时的情景记忆犹新，“新民队长带着我们，一手拿图纸，一手拿电话，让国内的专家电话遥控指导我们改装设备”；“那十来天，新民带着我们豁出去了，困得熬不住了，就倒头打个盹，没人哪天能睡够三四个小时。当时，苏丹天天都是零上50多度的高温，喘气都困难，每天喝十七八瓶水都不用上厕所。井场上到处都是铁家伙，手一摸，就烫起个泡。当两台柴油发电机终于发出轰鸣声时，我们每个人的脸上都爆掉了一层皮”。

李新民率领1205钻井队成功打完了在海外的第一口

井。这让甲方非常惊讶与感慨：果然是铁人队，果然是大庆的队伍！作为乙方的勘探工程公司钻井二公司的领导，对李新民的这股拼劲儿、韧劲儿也深有感触，“实际上，当时 1205 钻井队的设备是在海运中受损，这属于不可抗力，新民完全可以等家里（国内）再运新设备上去，不能按时开钻，上级组织也不会说什么。但他觉得，这会让 1205 钻井队的声誉受损，会让大庆钻探在苏丹的市场受影响，而这些，在他心里，是比天还大的事，是可以为之拼命的”。这位领导说：“刚到苏丹，情况这么复杂，新民没跟上级组织说过一个苦字。我们后来知道，在苏丹的前 5 个月，他的铺盖卷根本没打开过，基本没脱过衣服睡觉，井上一有情况，立刻就冲过去。”

永争一流，是大庆油田永恒的品格，也是铁人队的钢铁品质。李新民对工友们说：“大庆（油田）人，就要敢干别人不敢干的活儿，就要能干别人不能干的活儿。”2007 年 2 月，苏丹石油公司准备在 3/7 区块推广水平井。对于在 3/7 区块打不打水平井的问题，甲方内部一直有争议，首口水平井施工的成败，关系着苏丹石油公司的长远决策，所以甲方对此非常重视。选哪支钻井队来打这第一口水平井呢？有的井队已经在这儿干了快 10 年了，而 1205 钻井队才来了不到 1 年，甲方根本就没想过要把这个任务交给李新民。听到这个消息，李新民就带着对这口井的分析资料，第一时间去拜访了甲方。他向甲方表示："我们队能打这个头阵！"甲方作业部总裁惊讶地问："你知道不知道，这口井风险很大，几个经验丰富的井队，都在犹豫接不接这个'刺猬'。"李新民回答说："知道，但这个活儿，我敢接！我对自己的队伍有信心。"甲方讨论了几天，最终决定把这口井交给1205钻井队来打。在宣布这个决定时，作业部总裁向李新民说："我再提醒你一次，如果这口井打废了，至少有两个人要离开苏丹，一个是我，另一个就是你！"

1205钻井队不负众望，仅仅用了26天就完成了这口具有重大意义的水平井。这口井，每天能采出6000～8000桶原油，是其他井的2～3倍，成为中国石油海外市场的"功勋井"。随后打的几口水平井，也都很成功，这使甲方越来越信任1205钻井队。甲方明确表示：以后3/7区块的所有水平井，优先让1205钻井队来打。得到这个认可的时候，李新民禁不住流泪了。海外打井这一年，是他这辈子最苦最艰难的一年，但他觉得，一切都值了！"我们不只是立起了1205钻井队的旗帜，还在苏丹叫响了大庆钻探的品牌。"李新民自豪地说，"这个时候，我们才是真正把井打到了国外"。

苏丹的第一组定向井，也是1205钻井队打的，是苏丹石油工业最具代表性的一个定向井井组，是苏丹政府接待政要、贵宾时的一个重要参观点。1205钻井队进入苏丹市场5年来，创出了苏丹当地的23项高指标、新纪录。苏丹政府已颁发过的两次代表钻井最高荣誉的“PDOC”钻井杯，都被1205钻井队捧了回来。

三 我为祖国献石油

“我为祖国献石油”，是几代石油人用生命凝结成的誓言。大庆新铁人李新民，在1205钻井队历史上是扎根最久的人。站在钻台上，李新民说自己身上总有一股洗不掉的石油味儿。这是铁人老队长的味儿，是大庆油田30万石油人的味儿，是中国百万石油人的味儿。李新民用质朴的情感，执着地坚守着“我为祖国献石油”的初心和使命。

为了带领1205钻井队出国打井，李新民以铁人王进喜“识字搬山”精神为榜样，带领队友们从头学外语。他把队里的设备都贴上英语标签，就连脸盆等生活用品也不落下；把设备、材料和各道工序，用英语单词与短句做成一个小手册，放在口袋里，一有空就拿出来学。硬是靠着这种笨办法，他以517分的优异成绩通过了英语托福考试。1205钻井队的党支部书记赵明涛与李新民共事多年，他深知李新民为国内、国外两支1205钻井队锻造“特种钢”的良苦用心。“早在2000年，他就开始组织大家学英语，并且要求员工每天用汉语、英语两种语言记录报表，成为当时大庆油田的独一份。在新民担任队长期间，1205钻井队为兄弟井队输送队长、副队长、司钻等各类人才20多人，还带出一支勇闯海外立标杆的国际版1205钻井队。在1205钻井队，即使你学历不高，也能历练得水平很高；在1205钻井队，哪怕你是一名井架工，也有机会成为国际钻井领域的平台经理。”

1205钻井队的机械工程师曹广学，是与李新民一起到苏丹闯市场的，后升任平台经理。他认为，李新民已经把钻井这个事业琢磨得透透的了，他有打井的真功夫、真本领。曹广学说：“我们在苏丹打井的时候，一次，顶驱设备突然出现故障。遇到这种情况，常规处理方式是通知甲方，等待救援；甲方救援队来了以后，查明故障原因、送到厂家维修、再运回井队，一般都得两三个月时间。没有顶驱，虽然也能打井，但少了一部设备，甲方就要每天扣我们2000多美元的日费。更重要的，钻工的安全就得不到保证。”为此，李新民就提出，反正现在有时间，不如自己先把顶驱拆开，找一下故障原因。当时作为队里机械工程师的曹广学则觉得这个想法太大胆了，“一部顶驱1300多万元啊，内部结构又很复杂，万一拆散了，装不回去怎么办？”“可干活的过程中，我发现，新民经理敢这么干，是因为他心里有数，他对设备的了解，绝对是专业机械工程师的水平。我们拆设备的过程中，他记录下每一个零件的部位，甚至画出了难以辨认的零件的草图，大到每一个轮轴、小到每一个螺丝，毫无遗漏。”终于，在李新民带领大家拆到最后一个主轴的时候，发现了问题。他们马上换上了一个备用主轴，没等甲方救援队来，就修好了顶驱。“这么庞大的设备，我们竟然给修好了，居然一天都没耽误钻井，甲方特地发来了表扬信，并私下跟我们说，你们李经理这小子，真是蔫有准儿！”

大庆新铁人李新民用实际行动，书写出了“井是我的命，油是我的魂”。有一次，在苏丹解决一口井的卡钻时，甲方监督给出了处理措施，但李新民认为他的方法很难有效果，而且容易造成重大事故。于是，李新民负责任地提出了新的处理方案。为此，甲方监督很生气，态度强硬地告诉李新民：要么执行指令，要么带队伍走人。出乎甲方监督意料的是，一向温和的李新民，“啪”的一下把工作证拍在桌上，一字一顿地说：“现在，我不是代表我个人，而是代表大庆油田一支优秀的钻井队伍跟你讲，我们绝对有能力处理好这口井的情况！即使不要这口井的日费，我也必须按照我们的方案来解卡。如果不成功，你再让我走人！”

在这口井的解卡施工中，李新民的方案得到了充分验证，并顺利地完成了钻井，彻底获得了甲方对1205钻井队施工能力的认可，也让越来越多的人看到了大庆石油人对待工作科学、求实的态度和高度负责的过硬作风。按照惯例，甲方监督让你怎么干，你就怎么干，即使这口井打废了,1205钻井队也不需要承担任何责任。李新民这样干，相当于把全部责任都压在了自己身上，一旦有闪失就很难在苏丹立足。李新民为什么敢冒这个风险，因为他对自己的处理方案有足够的信心！事后，李新民解释他冒这个风险的原因时说，一旦出了事故，虽然责任不在1205钻井队，但却会影响大庆钻探队伍的形象和市场。李新民说：“即使我被赶出苏丹，也要让各方看到，大庆人是如何为每一口井负责任的。我李新民可以倒，但不论在国内、还是在国外，大庆‘干工作要经得起子孙万代检查’的标准不能倒！”

2009年，中国石油中标伊拉克战后第一标，这一消息震惊了石油界。2010年9月，李新民被选派到伊拉克哈法亚，负责大庆油田的钻井项目。但这时，正是李新民在苏丹风生水起的时候，突然由非洲转战中东，同事们都善意地提醒他：对于个人的事业发展，会不会太冒险了？但李新民琢磨的不是个人的得失，而是祖国石油事业的需要：国内对石油的依存度已经突破55%，中国石油要建设“海外大庆”，中东市场对于国家、对于中国石油真是太重要了。在哈法亚油田，中国石油是投资方之一，签约20年，要用7年时间使这里的原油年产量达到3000万吨。在哈法亚打井的速度和质量，对于中国石油海外布局意义重大。

战后的伊拉克遍布危险。李新民和队友一出巴士拉机场，就穿上了十多千克重的防弹背心，戴上了七八千克重的钢盔；在拿着冲锋枪的安保人员的护送下，坐上防弹汽车赶往驻地。受战争影响，李新民手里拿的只有哈法亚油田30多年前粗略勘探的地质资料，许多关键数据都没有。即使这样，李新民仍然带领队伍，在打第二口井时就创造了当地的钻井新纪录，比甲方的设计时间提前了19天。甲方特意发来表扬信，“正值哈法亚项目开发的关键时期，新井的快速建成意义重大”，并且决定让大庆钻探再上一部钻机。几口井打下来，李新民他们就摸清了油层的分布情况，为准确认识哈法亚油田的储量、产量提供了关键依据，使甲方对油田的前景更加乐观和有信心。虽然大庆钻探人不是最早进入哈法亚的队伍，却是在哈法亚拥有最多钻井订单的队伍。在李新民的带领下，在激烈竞争的伊拉克，大庆钻探人把根牢牢扎在哈法亚油田，也让中国石油在这里有了一支王牌之师可以倚重。2013 年，李新民率领下的一部钻机，当年实现 3 开 3 完、累计进尺 1.2888 万米，创出了哈法亚油田分支井最快纪录。随着哈法亚油田开发力度逐步加大，李新民和大庆队伍不断取得良好业绩，得到了甲方的好评和充分信任，还带动大庆油田固井服务队伍中标哈法亚项目，而且市场份额不断扩大，约占哈法亚市场固井总量的 38%。

在海外创业的艰苦岁月里，广大海外石油人发扬大庆精神、铁人精神，牢记为祖国“奉献能源”的使命，热爱祖国、热爱中国石油，勇敢地面对国际市场上的各种困难和挑战；面对陌生的国家、陌生的环境、陌生的对手、陌生的伙伴，他们团结进取、拼搏奋斗、攻坚克难、无私奉献，甚至牺牲了宝贵生命；他们耐得住寂寞，顶得住压力，负得起责任，担得起使命，用青春和热血谱写了中国石油的海外创业史。50 多年前，在“青天一顶、荒原一片”的艰苦条件下，铁人王进喜喊出“宁肯少活二十年，拼命也要拿下大油田”；50 多年后大庆新铁人李新民和他的团队，为了保障国家能源安全，奔赴艰难与危险并存的海外。每一个跟着李新民一起去苏丹打井的 1205 钻井队人，回来后都会眼里含泪地讲一件事：当地政局不稳，常有劫匪出没。因为劫匪可能从窗户往房间里开枪，李新民就让大家把营房的窗户都焊死，里面再焊上一层 10 毫米厚的钢板，却在他房间的窗户上留了一道缝，以便进行瞭望，发生危险时，让队友们迅速躲进避难所。但这样，就相当于把一个巨大的危险留给了自己。还有，在伊拉克哈法亚，每年 3 月到 5 月，基本上天天黄沙漫天，沙尘暴来的时候，铺天盖地，就像一堵墙拍打过来。虽然营房是密封的，但在沙尘暴季节，每天睡觉还是会被呛醒，就算用湿毛巾盖住脸，醒来时嘴里、鼻子里也都是沙尘。就是在这样危险和艰苦的环境下，新铁人李新民喊出了“宁肯历尽千难万险，也要为祖国献石油”的呼声。

大庆精神、铁人精神正在像李新民这样的大庆新铁人身上一代代地传承与发扬，才让历史再现、薪火相传，让中国石油“走出去”的步伐更稳、更有力。2011 年，中国石油海外油气作业产量当量超过 1 亿吨，权益产量突破 5000 万吨，达到 5175 万吨，实现了建成“海外大庆”的战略目标。经过 20 多年的创业发展，中国石油海外油气业务从单一的老油田提高采收率项目，扩展到风险勘探和大型油气勘探开发项目，业务领域从上游延伸到中下游，形成了集勘探、开发、管道和炼化于一体的海外油气业务链；从陆上常规石油勘探开发拓展到油气并举、陆海并进、常规与非常规兼顾的格局，国际合作的水平和层次不断提升。

Chapter 04

第四章

新时代的铁人精神

大庆油田的开发建设，铸就了以“爱国、创业、求实、奉献”为主要内涵的大庆精神、铁人精神，造就了一支敢打硬仗、勇创一流的优秀职工队伍，涌现出了铁人王进喜、新时期铁人王启民等在全国具有广泛影响力的先进典型，形成了团结凝聚百万石油人的强大精神动力，集中展现了中国工人阶级的崇高品质和精神风貌。

2019 年 9 月 26 日，中共中央总书记、国家主席、中央军委主席习近平致信祝贺大庆油田发现 60 周年，指出：“大庆油田的卓越贡献已经镌刻在伟大祖国的历史丰碑上，大庆精神、铁人精神已经成为中华民族伟大精神的重要组成部分。”同时强调指出：“不忘初心、牢记使命，大力弘扬大庆精神、铁人精神。”大庆油田干部员工学习贯彻习近平总书记重要指示批示精神，进一步增强使命感、责任感、紧迫感，以思想自觉和行动自觉，奋力谱写“当好标杆旗帜、建设百年油田”的新篇章，决心为实现中华民族伟大复兴的中国梦作出“大庆贡献”。大庆钻探铁人队伍铁心向党，以“黄金进度”全力提质、提速、提效；大力提升勘探开发力度，大庆油田勘探开发研究院加班加点，研究地质情况、落实油气储量，为建设百年油田打牢资源基础。全油田以总书记重要指示批示精神统一思想、指导实践，奋力开创高质量发展新局面：坚持党的领导，开创企业党建新局面；聚焦油气主业，开创稳油增气新局面；坚定“走出去”，开创内外并举新局面；强化精细管理，开创提质增效新局面；实施创新驱动，开创转型升级新局面；践行社会责任，开创协调共享新局面。

大庆油田这面红旗，是一代又一代大庆石油人用智慧、心血乃至生命铸就的，是油田干部员工理想信念、价值追求的体现和寄托。大庆精神、铁人精神永远是激励中国人民不畏艰难、勇往直前的宝贵精神财富。艰苦奋斗是大庆精神、铁人精神最鲜明的特质，也是大庆油田的传家宝。大庆石油人继续弘扬、始终秉承、与时俱进，不断赋予大庆精神、铁人精神新的内涵。

二 钻井进尺再上10万米

石油精神是攻坚克难、夺取胜利的宝贵财富，无论什么时候都不能丢。2016年6月，习近平总书记作出重要批示：要结合“两学一做”学习教育，大力弘扬以“苦干实干”“三老四严”为核心的石油精神，深挖其蕴含的时代内涵，凝聚新时期干事创业的精神力量。中国石油天然气集团有限公司党组以习近平总书记重要批示精神为指导，在全集团内展开了一场声势浩大的“弘扬石油精神、重塑良好形象”的大讨论活动，用“石油精神”凝聚改革发展的强大动力。大庆油田深入学习贯彻习近平总书记重要批示精神，牢记殷切嘱托，强化使命责任担当。

石油精神发源于20世纪60年代。历史上，1205钻井队曾分别于1966年、1971年，两次实现年钻井进尺突破10万米。新征程是追梦人的征程，在复杂地面井网、复杂地质条件下，还能否实现当年年钻井进尺10万米的纪录？这是1205钻井队在新时代面临的一次新挑战。

2017年初，1205钻井队召开员工大会，队领导带领大家一起分析形势任务、谋划发展思路，确定了年钻井进尺再上10万米的生产目标，力争创造出自1971年以来钻井的最好成绩。在大庆油田第五届一次职代会上，大庆新铁人李新民发出“全员当好主人翁，百年油田当先锋”的倡议，随即大庆油田工会、团委启动了“传统立身，勤俭立业，百年立功”的全员行动方案。2017年3月7日，1205钻井队队长赵明涛在大庆钻探第三届一次职代会上发出“挺起铁肩担重任，甩开膀子干实活，全力以赴想主人事、尽主人责”的倡议。在建设百年油田的道路上，1205钻井队立足岗位、苦干实干，当好标杆旗帜，以实实在在的业绩为祖国加油。

实干成就梦想，奋斗铸就辉煌。要实现年钻井进尺再上10万米这个目标，就要把每分每秒的时间抢出来，就要把每人每岗的效率提上来，就要把每条每项的制度标准严起来。强化开钻前和完钻后的工况管理，利用测井时间修理大泵、保养设备，确保钻进时所有设备正常运转。由于合理安排了设备修理时间，大大提高了钻进效率。队上机械大班对钻具垫杠进行了改良，研发出了高低杠；提前铺设钻机自走的钢板基础和轨道，平均每口井节约搬家时间近2个小时。

为提高钻进速度，全队从人员、设备、技术等多方面入手，对每口井都做了实效记录，然后对比分析、研讨解决措施，最后落实到责任人。比如，在高 115- 斜 355 井施工时，副队长发现钻进速度没有达到预期，就和井上大班员工一起探讨原因：很有可能是当班司钻经验不足，对井底情况判断不准，刹把操作不当。判断原因后，副队长戴上安全帽就进了司钻房，手把手地教司钻如何根据参数判断井底情况，如何安全平稳地操作各个手柄，一直跟班 10 多个小时。队上技术员跟班严把技术关，“我们要快打井，更要打好井，没有安全和质量的进尺，我们一米都不要”。正是由于严格落实了各项技术措施、实施了标准化作业，才从源头上降低了施工风险，为钻井提速提供了有力保障。队长赵明涛说：“好日子不是等来的，是苦干实干加巧干，一点一滴拼出来的。只要我们都立足岗位，把自己的一摊活儿干好、干精、干到极致，真正做到‘人人出手过得硬，项项工作质量全优’，每个岗位每天努力提高一小步，千千万万的努力汇集起来，我们的企业就能前进一大步。”自年初开钻以来，单井建井周期逐渐缩短，由第 1 口井的 5 天 2 小时缩短至第 7 口井的 2 天 15 小时，机械钻速由 36 米 / 小时提升至 46.6 米 / 小时，提速近 30%。2017 年 5 月 23 日，实现当日两口井“双固”（完钻井油层套管固井、新开钻井表层套管固井）

新纪录。随后，完钻这口新开钻的高难度定向井，最大井斜25.23度、井底位移336米，机械钻速51.62米/小时，建井周期3天5小时。至此，完成交井37口、钻井进尺4.8万多米，实现了“双过半”（时间过半、生产任务过半）目标。

“只要有愚公移山的志气、滴水穿石的毅力，脚踏实地、埋头苦干，就一定能够把宏伟目标变为美好现实。”为确保实现年钻井进尺再上10万米的目标，他们给钻井施工上了四道“保险”——精益钻井、提升钻技、设备完好、互联网+党建。探索精益钻井生产管理模式，根据大庆长垣地区钻井工序周期重复性的特点，对钻井施工的全过程进行梳理，确定了109项工序观察点、367项效率影响因素，使每道工序紧密衔接，大幅减少了非生产运行时间。通过采取流程看板、标杆追踪、视觉营造、行为改善、准时运行、精益保障等措施，有效实现了钻井高效率、低成本运行。一项项钻井完井新技术的现场应用，成为提高钻井速度、减少地下复杂情况、保证施工质量的“利器”，使得表层钻井施工周期缩短了1.04天，二开钻进实现“一趟钻”到底、周期缩短了1.02天，测井、固井、完井周期缩短了0.5天。建立了数字化设备管理平台，由被动的“推”式管理转变为主动的“拉”式管理，创出了15口井从开钻到完钻全过程的设备“零修理”的好成绩。

运用“互联网＋党建”模式，创建“钢铁05党旗红”线上党支部，开设了“精益钻井”“两学一做”“钻工有话说”等14个专栏，调动了全体党员和群众的积极性。

到2017年12月21日，1205钻井队完成交井69口、钻井进尺9.9615万米，全队干部员工铆足干劲，全力冲刺10万米。12月25日，是中国石油工业两面旗帜——1205钻井队、1202钻井队的一个重要时间节点，也是大庆钻探人值得纪念的日子。这一天，钢铁1205钻井队、尖刀1202钻井队年钻井进尺再次双双突破10万米，这是大庆钻探人向地下要产量、要效益的一次深层次探索，更是大庆钻探人向更远、更高目标的一次高水平攀登。这一年，钢铁1205钻井队精益钻井提速提效，平均单井钻进周期缩短了1.02天，平均建井周期缩短了3.15天，平均钻井效率提高了45.5%；成本结余331万元，单位钻井成本降低了43.91%，位居大庆钻探工程公司各钻井队首位。

时光流转，光阴荏苒。51年前（1966年12月），钢铁1205钻井队、尖刀1202钻井队年钻井进尺双双突破10万米，轰动全国、震惊世界。钢铁1205钻井队队长赵明涛说：“1966年，我们上10万米，为的是甩掉国家贫油落后的帽子。如今再上10万米，是我们标杆队在新时代的使命与担当，更是我们推进振兴发展的铿锵足音。”尖刀1202钻井队队长张顺说："不同的历史时期打井，有不同时期的困难。现在再上 10 万米，地下情况更为复杂，安全环保要求更高，既要快打井，又要打好井，非常不容易，是对我们的又一次考验和挑战。"钢铁 1205 钻井队、尖刀 1202 钻井队以"解放思想、激发动力、振兴发展"主题实践活动为契机，瞄准提速、提效两大主题，向着钻井高峰发起冲刺，再次把目标锁定 10 万米，向党的十九大献礼。

钻井，永远是没有围墙的工厂。这些年，虽然技术进步了、装备升级了、生活改善了，但野外作业的艰苦性质没有变。无论是在创业会战年代、高产稳产阶段，还是在油田振兴发展的新时期，钢铁 1205 钻井队、尖刀 1202 钻井队那种对党忠诚、岗位报国的情怀没有变，那种追求卓越、敢为天下先的劲头没有减，那种战天斗地、拼搏奉献的作风没有丢。2017 年，钻井年进尺再上 10 万米，是对钢铁 1205 钻井队钻进速度、成本效益的一次检验，更是对党支部战斗堡垒作用的一次大考。队党支部把建设"四铁"[①] 班子、打造"四铁"干部、培养"四铁"党员作为锤炼队伍的重要抓手，通过"岗位讲述""我承诺我践诺"等活动，让班子讲责任、讲担当、讲奉献，让党员亮身份、亮责任、亮形象，熔铸了

① "四铁"：铁一般的政治素质；铁一般的工作作风；铁一般的团结协作；铁一般的工作业绩。

一支铁心跟党走、铁纪严要求、铁肩担重担、铁志当先锋的钢铁队伍（图 4–1）。党支部带领全队干部群众自我加压、自觉从严、自我超越，与祖国同呼吸、共命运，与石油工业共进步、同发展。全队党员干部自觉做到“三带头”“四不离”[①]，以队为家、以井为令，吃住在井场，几乎天天在井上摸爬滚打，为年钻井进尺再上 10 万米提供了坚实的保障。

图 4–1　钢铁 1205 钻井队打井到哪里，就把大庆精神、铁人精神传到哪里

① “三带头”“四不离”：带头学技术，带头练技能，带头传帮带；没有特殊情况不离井队，节假日不离井场，复杂情况不离钻台，关键环节不离岗位。

三 把红旗一直打下去

“要把红旗一直打下去，弘扬铁人精神，牢记艰苦奋斗，不断锐意进取，真正把工人阶级的崇高品质、伟大精神，在 1205 钻井队代代相传。”伴随着岁月更迭，铁人精神的火炬在一代代大庆石油人的手中传递、擎起。

2018 年 5 月 3 日，一位在松辽“松基一井”① 地区磨炼成长起来的年轻人，在钻探工程公司 15173 钻井队担任副队长的张晶调任 1205 钻井队队长。他从石油院校的石油专业毕业后，来到大庆油田的钻井队，在当实习钻工 4 个月后，队长想让他当技术员。张晶摇着头对队长说：“我想申请当司钻。”队长问：“你想好了吗？”张晶说：

① “松基一井”：1958年，地质部、石油工业部在松辽盆地展开大规模的石油勘探。“松基一井”，是石油勘探重点“战略东移”后，在松辽盆地进行石油地质勘探所打的第一口基准井，于 1958 年 7 月由松辽石油勘探局 32118 钻井队承钻。

“我确定！”队长进一步说：“刹把一握就是8小时。司钻手上三条命：人命、井命、设备命，责任重大。你确定要当司钻？”张晶坚定地回答：“司钻这个岗位很关键。虽然我是石油专业毕业的，可经过这段时间的轮岗实习，我深刻体会到，我不会的东西太多了。现在干技术员，我心里没有底。我想把队上的操作岗位都熟悉一遍。队长，我想把我做个石油人的理想夯得更实一点儿。”就这样，张晶从场地工干起，井架工、副司钻、司钻，井队的各个岗位他都干了个遍。不管干啥，他都扎扎实实，一步一个脚印。

在钢铁1205钻井队的队史室里，张晶看着老队长王进喜那炯炯有神的眼睛和那些沉甸甸的荣誉，悉数着一任又一任铁人队队长……他们都是心里装着国家的人，他们都是争第一、当排头、扛红旗的人，他们都是不向困难低头的人。“现在由我来接棒，可我的这点儿本事够用吗？如果干不好，我怎么对得起组织的培养？”

“精益钻井”是钢铁1205钻井队探索实施的一种管理新模式。在队里的一次总结会上，队党支部书记刘德伟介绍说：“‘精益钻井’的核心就是消除浪费，实现钻井生产的高效率、零浪费和低成本。”从哪里消除浪费呢？张晶对大家说：“这几天我算了一下，一口井，需操作大钳

1200 次，一次咬不上，重新再来需要 3 分钟；一次移送不成功……再加上扣合、拆卸等其他失误，单井浪费可能达 8.35 小时。”钻井队每年打井 70 多口，就大钳操作失误来说，可能浪费了近 600 个小时。张晶说：“从一个大钳操作里，能抠出好几口井来。全队要苦练技术，尽可能减少操作上的失误。咱们钢铁 1205 钻井队，红旗不能丢。干，就要干到最好！”创新实施“精益钻井”管理模式，全队干部员工齐心协力，从工序衔接、设备维修、安全事件、重复劳作、操作不当、无效等待、不良返工等影响钻井生产的主要消耗点上进行控制，全面消减施工过程中的非增值工况事项。5 月，月钻井进尺继续保持在万米以上。

在“大庆精神大庆传统再学习再教育再实践”主题党日上，张晶向全队干部员工发出号召，“我们要传承好铁人精神，秉承钢铁基因，像铁人老队长那样：不畏艰难，勇争一流，始终保持昂扬向上的工作状态；立足岗位，苦干实干，始终保持艰苦奋斗的工作作风；瞄准前沿，苦练内功，始终保持锐意进取的工作劲头；严细认真，科学严谨，始终保持精益求精的工作标准。”他勉励自己，一定要“把红旗一直扛下去”。率领钢铁1205钻井队砥砺奋进、勇毅前行，打好铁心向党的忠诚井、打好使命担当的争气井、打好科学过硬的严实井、打好永远向前的先锋井、打好高扬旗帜的标杆井。

自实施“精益钻井”管理模式以来，对每一位钢铁1205钻井队的人来说，有句话已深深地埋在他们心中：一切行动都要提高生产速率，一切行为都要节约生产成本。这句话成为1205钻井队全年工作的行为准则。2018年，队干部自觉做到“三带头”“四不离”，吃住在井场达270多天。这一年，从准时运行、行为改善、损益控制和视觉营造四个方面对班组进行了月度综合评价，有5个月钻井进尺上万米，全年平均机械钻速43.27米/小时，向着“两个50%”（钻井提速50%、单位成本降低50%）迈进了一大步；这一年，钢铁1205钻井队队史上第一次连续两年年钻井进尺超过10万米、第4次年钻井进尺超过10万米，全年完井72口、钻井进尺10.1123万米（图4–2）；这一年，连续第15年实现年人均为国家贡献一口井，全年钻井井身质量和固井质量合格率均达100%。

2019年，钢铁1205钻井队“以创新促发展，以精益提水平，以钢铁意志抓党建，以铁人精神筑堡垒”，在“提速、提质、提效”上站排头、当先锋，努力引领和带动同行业高质量发展，再次把钻井目标锁定在10万米。为实现年钻井进尺10万米“三连冠”，为油田发现60周年献礼提供坚强保障，队党支部组织全体员工开展了“大

图 4-2 钢铁 1205 钻井队年钻井进尺连续两年超过 10 万米

找差距、大找不足”思想大讨论。党支部书记刘德伟根据大家查摆出的差距和不足，对全年工作提出三点要求：要始终传承和弘扬铁人精神，做矢志前行的逐梦人，在日常工作中做到不出现一丝马虎；做担当有为的开拓者，在日常工作中做到不留下一个漏洞；做只争朝夕的实干家，在日常工作中做到不出现一点差错。全队人人都签订了“做文明 05 人”承诺书，承诺“违章不进 05 门，违纪不是 05 人”，做到“一生无违纪，一生无违章”。

一诺值千金。钢铁1205钻井队在日常工作中消除“一丝马虎”“一个漏洞”“一点差错”，在前进的道路上传承和弘扬大庆精神、铁人精神，坚实地“把红旗一直扛下去”。2019年8月9日，钢铁1205钻井队实现钻井总进尺300万米的重大突破，这相当于钻透了339座珠穆朗玛峰。这是钢铁1205钻井队向大庆油田发现60周年献出的一份厚礼，也是推动大庆油田高质量发展、当好标杆旗帜、建设百年油田的实际行动；这是为庆祝中华人民共和国成立70周年，为实现“两个一百年”奋斗目标、实现中华民族伟大复兴的中国梦作出的新的更大的贡献。大庆新铁人李新民到队祝贺，他说：“300万米的成绩，是一代代05人埋头苦干，1米1米打出来的。”当年，钢铁1205钻井队在全国第一个登上钻井进尺百万米高峰，用了29年（1982年4月11日）；在全国率先突破钻井进尺200万米（2004年2月），第二个百万米用了22年；实现钻井进尺突破300万米（图4–3），第三个百万米用了15年。未来，钢铁1205钻井队不仅要攀登钻井进尺的高峰，还要向着地质的高峰、技术的高峰、市场的高峰、思想观念的高峰继续登攀。

凡是过往，皆为序章。踏着铁人脚步走，铁人队伍永向前。“在继承传统中凝聚钢铁力量，在攻坚克难中强化

图 4–3　钢铁 1205 钻井队钻井总进尺突破 300 万米大关

钢铁担当，在自我审视中实现钢铁队新发展。”张晶说：“1205 钻井队吃苦耐劳、艰苦奋斗的作风不会变，精益求精、严细认真的标准不会降，知难而进、为油拼搏的劲头不会减。”面对越来越复杂的地质条件、越来越密集的地下井网，我们要“勇于面对更高的标准，勇于承担更重的任务，勇于肩负更大的责任”；我们要“勇于与国际一流标准接轨，不断推进技术、管理、党建和文化创新，在发展的道路上永不满足、永不懈怠、永不止步”。

“三百万米真如铁，而今迈步从头越”。钻井进尺突破 300 万米目标实现的那一刻就已成为过去，年进尺“三连冠”的目标正在前方。钢铁 1205 钻井队初心不改、豪情不减，步履铿锵、永远向前。“新时代新钢铁”的成色，在无数次自我超越的大熔炉中淬火、锤炼。

三 挺起铁肩担重任

新时代是奋斗者的时代。习近平总书记指出：“当代中国青年生逢其时，施展才华的舞台无比广阔，实现梦想的前景无比光明。”伟大的梦想要由伟大的精神作支撑。

2019 年 9 月 26 日，习近平总书记致信祝贺大庆油田发现 60 周年，强调：“大力弘扬大庆精神、铁人精神，不断改革创新，推动高质量发展，肩负起当好标杆旗帜、建设百年油田的重大责任。”站在新的历史起点上，钢铁 1205 钻井队“不忘初心、牢记使命”，把标杆立得更稳，把旗帜举得更高，用实际行动报效伟大祖国，为党和人民再立新功。12 月 26 日，钢铁 1205 钻井队在杏 4-40- 斜 3320 井的钻进中，年累计进尺再次跃上 10 万米，实现了年钻井进尺“三连冠”，这在 1205 队队史上还是第一次。为实现这个奋斗目标，队上责任技术员在上井前，为在家照顾孩子的妻子制定菜谱，并备下整整一周的饭菜；副队长为了不耽误生产，穿着被雨水和泥土灌满的工鞋，连续工作了20多个小时，脚被泡肿了、脚趾被磨破了皮；队长张晶因父亲突发脑梗住进医院，请老家大哥来照顾父亲，而自己却把更多时间留给队里……三年来，全队干部员工风里来、雨里去，迎风雪、战严寒。冬天，呼出的气体能让整个帽子挂上霜，下班脱下的工衣、工裤能立到墙边；夏天，浑身上下都是汗水，脱下的工衣、工裤能拧出一大摊水。晚上，在井场上都不敢张嘴，一张嘴蚊子就飞进嘴里；下雨，在井场的泥水里走上几趟，脚上的皮工鞋得有好几公斤重，磨破了脚是常有的事。这份艰辛，对于钢铁1205钻井队工人来说已是习以为常；这些困难，在铁人面前算不得什么。新时代的铁人以苦为荣，为能克服困难而感到骄傲。

时代是出卷人，钢铁1205钻井队是答卷人，历史是阅卷人。钢铁1205钻井队向伟大祖国、向党和人民交出了一份合格的答卷。三年来，全队干部员工始终坚守“立铁人品格，做标杆旗帜”的核心理念，自觉爱岗敬业、求实奉献，为建设百年油田的新实践贡献力量。年钻井进尺10万米“三连冠”，是钢铁1205钻井队贯彻落实习近平总书记致信祝贺大庆油田发现60周年重要指示精神，弘扬大庆精神、铁人精神，当好标杆旗帜的有力行动。

在深入推进“不忘初心、牢记使命”主题教育中，队党支部以当年“铁人三问”[①]激励党员自觉守初心、担使命、扛红旗、做标杆，组织党员回答好：听党话、跟党走的根扎得深不深？为国家多打井、快打井的干劲鼓得足不足？为油田负责一辈子的思想树得牢不牢？……全体党员亮身份比党性、亮职责比作为、亮践诺比贡献，以实际行动作答。新时代的钢铁1205钻井队人，以掷地有声的答案，回答当年铁人的“三问”：钻机到了没？回答是：无论多难，随叫随到。井位在哪里？回答是：在大庆，在苏丹，在伊拉克。这里钻井的最高纪录是多少？回答是：纪录在不断被打破。全队干部员工自我加压、信心百倍，向着新的奋斗目标迈进——实现年钻井进尺10万米“四连冠”。

2020年春节，一场突如其来的新冠肺炎疫情，牵动着钢铁1205钻井队人的心。疫情当前，疫情防控成为重中之重，但钻井生产不能耽搁。为了复工复产，需要实行全封闭管理，队里决定在井场的入口处设立防疫“检查

---

① “铁人三问”：1960年，王进喜率井队从玉门来到大庆，一不问吃，二不问住，连珠炮似的问道：钻机到了没？井位在哪里？这里钻井的最高纪录是多少？

站”，安排专人负责监督，对所有入场人员在第一时间进行严格的检测和消毒。当队领导考虑谁能胜任这项工作时，队技术员、党员谷宏达主动请缨。他说：“我是党员，就应该冲在前面，这个重担我来担，我一定会守好这防疫第一关。”他最大的愿望是战胜疫情，“让队里的每一个人都健康平安，一个都不掉队，我们一起为祖国多打井、打好井。”2 月 11 日，是钢铁 1205 钻井队复工的日子，1205 钻井队也是大庆钻探率先复工的钻井队。在施工井场，队上召开了复工复产安全会，队领导对防疫与生产进行了全面安排部署。此后的日子里，技术员谷宏达不仅要把好钻井施工的技术关，作为防疫员还要严守疫情防控关。

2 月 16 日，一场突降的大雪使气温骤降，导致立式砂泵出现故障，涡轮外壳开裂，副队长高晨马上组织队内职工维修、更换，但由于场地受限，立式泵升起后无法拆卸。他是党员干部，队里的事是他心里最大的事，困难面前他总会站在最前面，带头躺在冰凉的地上拆卸、更换。一个小时过去了，涡轮外壳终于换好，钻进施工恢复了，可他身上却沾满了泥浆，寒风中，他的工服被冻成了厚厚的铠甲。高晨回到宿舍，打开视频，妻子询问：“今天吃了什么？有没有消毒？一定要保护好自己，病毒可不认识你们这些铁人。”妻子的“唠叨经”，让他真正放松了始终紧绷的神经。疫情防控期间，井队实行封闭管理，再近的家也变成了天涯。这“唠叨经”，对于疫情期间坚持野外施工的钻井人来说，是一种关爱，更是一种精神激励。二班司钻葛依凡，连续在井上工作 28 天——复工前，妻子怀孕已有三个多月了，妻子为他复工收拾行装时，叮嘱他：“老公，好好工作，注意安全，防疫工作一定要听从领导的指示落实到位，我会照顾好自己和我们的孩子，你安心上班，不用惦记家里，我会乖乖的。”投入工作中的葛依凡，放下了对家里的惦记。因为司钻手里掌握着“三条命”，所以容不得任何一点私心杂念，他必须以一种饱满的状态去完成每一个班的任务。三班司钻阚永波，一天前接到爱人的电话，他的母亲在夜间突然血压上升、体温 38 摄氏度，已被送到医院进行隔离治疗——爱人对她说：“你安心工作，妈这边还有我呢！”钻井生产要加速推进，疫情防控要坚决守好，他必须与队伍一起拿下来，“坐镇有指挥，上场有先锋……我是司钻哪能走！”到 3 月 19 日倒班，全队打井 7 口，阚永波带领三班平均每班钻井进尺 500 米，井深优质率 100%。队长张晶胃病发作，疼得实在挺不住了，就在椅子上佝偻着腰，用矿泉水瓶顶住胃部缓解疼痛，待到施工封闭管理解除时，瘦了 20 多斤。他说：“我是队长，我不能离开，我得和大家在一起。”他们用坚实的身躯与刚毅的心，为祖国加油助威、为祖国贡献力量。党员干部践诺“吾日九省吾身”，严格“九条禁令”，全队33人连续驻守岗位40余天。家是最小国，国是最大家。从复工上岗的那一刻起，他们就冲锋在战“疫”最前沿，用最有力的行动去夺取防控疫情、钻井生产的“双胜利”。他们坚信众志成城，一定会战无不胜！

疫情防控期间，钢铁1205钻井队始终保持钻井速度优势，到6月底已完钻交井34口，保持井身质量合格率、固井质量优质率100%；“精益钻井”管理模式升级为2.0版，并在钻井施工过程中被不断优化。不积跬步，无以至千里。全队干部员工从小处着手、从身边做起，深入挖潜、提质增效。9月，在一次完井总结会上，张晶说：“咱们这口井搬家比上次多用了2个小时，按照咱们全年搬家70次计算就是140个小时，这足够咱们再打一口井了。”为了克服雨季施工给钻井搬家带来的困难，减少非生产时间，缩短建井周期，他们制定了“三提前三随时”[①]工作制度，确保钻井生产平稳高效运行。

节约时间，就是对成本的最大节约。以老带新，队上二班新员工苦练接单根技能，用时由3分20秒缩短到1

---

① “三提前三随时”：提前预知气象信息，随时关注天气变化；提前勘查井场情况，随时关注井场条件；提前制订运行计划，随时完善运行方案。

分 40 秒，在节约时间上走出的这一小步，是他们在提质增效上迈出的一大步。队领导经常给全体员工算精细账，“过紧日子，就要一分钱掰成两半去花，一张纸更要两面用”，鼓励员工节约一张纸、一度电、一滴油。“以前只知道机械式地保证设备不能有‘跑、冒、滴、漏’，现在我才知道‘滴、漏’会造成这么大的损失。我一定坚持管理好设备，从小事做起，厉行节约，要把‘钱’装回我们自己的‘腰包’。”井队每个人都是“抠门”的人，他们学习铁人王进喜，不放过一根螺丝钉、一块废钢铁。节省一点是一点，省下来的都是效益，新时代的铁人队伍坚决把艰苦奋斗、勤俭节约的“回收队”精神发扬光大。

在奋力追逐中国梦的伟大征程中，钢铁 1205 钻井队谱写了“我为祖国献石油”的新篇章。2020 年 12 月 24 日，在北 1–20– 斜丙 258 井，实现年钻井进尺再次突破 10 万米（第 6 次），同时实现了“四连冠”（图 4–4）。这一年，与以往不同，他们 3 次日钻井进尺超千米、6 个月的月钻井进尺超万米；这一年，比以往更加困难，因为新冠肺炎疫情，开工时间较计划晚了 10 天，但他们不仅争分夺秒地抢回了耽误的时间，而且比上年同期多打井 12 口；这一年，汇聚钢铁力量，挺起钢铁脊梁，他们牢记嘱托，迎难而上、锐意进取，书写钢铁队伍篇章。12 月 24 日，大庆钻探工程公

图 4–4　钢铁 1205 钻井队实现年钻井进尺 10 万米“四连冠”

司钻井二公司在井场举行了年钻井进尺 10 万米“四连冠”祝捷暨“挺进页岩油主战场，锤炼新时代新钢铁”誓师大会。队长张晶立于队伍前排，带领全体员工宣誓：立标前沿、抢占主峰，牢记嘱托、建功百年，誓做新时代发展标杆；队党支部书记段永坚表示，要用 70DB 钻机征战页岩油井，为建设百年油田贡献智慧与力量。

大庆油田展开古龙页岩油新会战，“1205 队请战”，于是队长张晶第一时间找到领导请缨。领导问：“非常规油气情况复杂，1205钻井队从来没碰过，你们有没有信心？”张晶说：“这几年，1205钻井队一年拼下一个‘10万米’，不管是2018年的连天暴雨，还是2019年的3场台风，1205钻井队顶着上，连续冲锋。继续打下去，我们有这个实力，有这个信心。”领导一拍桌子，说：“好！我就等着1205钻井队请缨呢，定个小目标怎么样？油田领导已经研究过了，暂定35天拿下一口井。”张晶坚定地回答：“明白！”

年末岁初的寒冬里，钢铁1205钻井队人同时在“两个战场”展开奋战。一部钻机在冲刺年钻井进尺10万米“四连冠”，另一部新型70DB钻机也奋战在百里之外的页岩油井。队党支部抽调党员、技术骨干组成技术攻关队，在现场反复摸索、实践，把握70DB钻机的操作要领与钻井技术。非常规油气的勘探开发，是大庆油田建设百年油田、持续高质量发展的需要，更是端牢能源饭碗、确保国家能源安全的重大举措。挺进页岩油主战场，对于钢铁1205钻井队既是机遇，也是挑战。

铁人“三问”再践行，初心“四问”[①]在发展。钢铁

① 初心“四问”：听党话、跟党走的根扎得深不深？为国家多打井、打好井的干劲鼓得足不足？为油田负责一辈子的思想树得牢不牢？铁人队伍“五条铁律”守得严不严？“五条铁律”是：井队物资一钉一铆不私用，食堂账目一笔一项必公开，奖金分配一分一厘全透明，员工利益一丝一毫都不占，说话做事一言一行正能量。

1205 钻井队在“挺进页岩油主战场”新会战中，与其他几支钻井队瞄准 35 天拿下一口页岩油井的目标摆开了阵势，大家的目光都集中在了标杆 1205 队上。早期曾尝试钻过两口井，一口井钻井周期为 110.53 天；另一口井钻井周期为 94 天，而这次会战制定的“小目标”是 35 天。钢铁 1205 钻井队在古页油 1 试验平台第一口页岩油井钻进中，创新“精益钻井”管理模式，精细组织、高效衔接、定期总结、适时纠偏；坚持以精益思想、精益行为，抓生产、提效益、争一流。他们全面、迅速掌握 70DB 钻机的使用技术，实现了跨越式的转型升级，并创出了新纪录。2021 年 2 月 7 日，大庆钻探工程公司向钢铁 1205 钻井队全体将士致嘉奖令：“大庆古龙页岩油新会战打响以来，你们提高政治站位，坚持顾全大局，拿出老一辈当年那样的激情、干劲和意志，顶着疫情上，迎着困难干，大力推广‘一趟钻’技术，绘制‘学习曲线’，全面开展‘地质、工序、时效、效益’对标，快速提升水平，锤炼过硬本领，招之即来、来之能战、战之能胜。你们在古页油 1 试验平台施工的第一口井，率先实现钻井周期 35 天的目标，把胜利的旗帜插在了主峰上，建立了新功，树立了标杆，打出了信心，增添了光彩，公司按照页岩油水平井提质提效考核方案予以奖励。希望参战队伍以他们为榜样，发扬大庆精神、铁人精神，奋力追赶超越，相互学习借鉴，坚定必胜信心，继续攻坚克难，提升技术水平，狠抓安全环保，展铁军风采，振钻探雄风，勇创佳绩，再破纪录，坚定不移实现35天、30天、25天的‘三步走’目标。”

新征程，新担当，新作为。钢铁1205钻井队主动请缨，成为油田第一批向非常规油气进军的钻井队伍。非常规油气分布在极其微小的岩层空隙中，打这样的井就好比拿根吸管横穿千层饼，施工难度相当大。2021年2月11日，钢铁1205钻井队承钻的第一口页岩油井完井，钻井周期33.1天，实现了由“30”型转型到“70”型钻机的跨越式升级。完井的那一天，正值大年三十，队里没人回家过年，热腾腾的饺子出锅时，因为疲劳一大半人已沉沉睡去，甚至没顾上与家人视频拜年。他们挺起铁肩担重任，做到了第一口页岩油井立标杆、建标准，随后非常规油气井越打越快。

“熔入一块铁，锻出特种钢。”钢铁1205钻井队以全新的面貌挺进高质量发展、振兴发展的主战场，在试验区打第二口井时，创出完钻周期28.71天、水平段长2509米等多项钻井纪录，打出了标准、打出了经验、打出了模板。2021年5月，钢铁1205钻井队承钻的古页11H井，完钻井深4901米，水平段长2450米，钻井周期22.63天，创出古龙页岩油钻井周期最短的纪录，成为页岩油钻井队伍中首支钻井周期突破 25 天的钻井队。11 月 14 日，钢铁 1205 钻井队承钻的 GY2–Q1–H4 页岩油水平井，创出 13.77 天的页岩油钻井周期新纪录。

2021 年，钢铁 1205 钻井队参加古龙页岩油新会战，打出了“钢铁速度”，而且屡战屡胜，实现了钻井周期率先突破 35 天（用时 33.1 天）、30 天（用时 28.7 天）、25 天（用时 22.63 天）、20 天（用时 18.8 天）、15 天（用时 13.77 天）等阶段性目标，创出 32 项古龙陆相页岩油水平井施工高指标，打出了经验和标准，引领了页岩油试验区钻井大提速热潮。页岩油的钻探开发，是大庆油田贯彻落实习近平总书记贺信指示精神的重要举措，对建设百年油田具有重要战略意义。钢铁 1205 钻井队解放思想、追赶超越，直面挑战、勇攀高峰，在页岩油新会战中不断创指标、破纪录、出经验，以钢铁业绩展现了新时代标杆旗帜的责任担当。

2022 年，钢铁 1205 钻井队不断完善非常规井施工“五个模板”，持续在非常规井施工中蹚路立标，为大庆油田“一稳三增”贡献了钢铁力量。9 月 11 日，致密气井——宋深 9– 平 5 井即将开钻，钢铁 1205 钻井队正在做钻前准备工作，这是该队队史上第一次打致密气井，也是大庆钻探工程公司打的第一口致密气井。井队搬迁到这里，要横跨2市3区6道防疫关口，单程170千米。因部分员工家在管控区，无法回到队里，全队55人，只有符合要求的38人可轮流上岗，而且实行封闭管理已有20天。搬迁作业的第一天，一场突如其来的大雨让本就繁重的搬迁作业变得更加艰难。为了不耽误生产进度，党员先锋队冒雨卸车，在泥泞的井场上深一脚浅一脚地摘挂绳套拖拽车辆；当天夜里，营房没能通上电，大家就和衣而卧……经过优化搬迁作业工序，他们历时5天完成230车货物的运输搬迁，比原计划提前两天完成。

井场就是战场，当他们试着立起井架时，钻机绞车工作钳突然锁死，起井架作业被迫中止。张晶说："现在咱们只能靠自己，井不能停。"党员刘冰站出来说："我来，咱们自己修。"他凭多年机械大班的工作经验，对照设备图纸对故障作出了正确判定；他跪趴在台板上，半个小时就把设备修好了。井架顺利起升，大家对他竖起了大拇指。刘冰说："这没啥，咱们1205人啥时候也不能掉链子。"

2023年1月7日，钢铁1205钻井队承钻的首口致密气井——宋深9-平5井，完钻井深4839米，创出了宋深9H风险合作区块深层天然气水平井"全井平均机械钻速 12.17 米 / 小时”“钻井周期 65.71 天”等高指标新纪录。宋深 9- 平 5 井，是宋深 9H 风险合作区块重点深层天然气开发项目井，地层复杂，施工难度大，易发生卡钻、井塌、井漏、井喷、断钻具等复杂情况。为高质量打好这口井，大庆钻探钻井二公司成立了生产、设备、技术专班，钢铁 1205 钻井队在全封闭的情况下，高标准、高水平地完成了这口井的钻井施工。

钢铁 1205 钻井队牢记政治嘱托，弘扬大庆精神、铁人精神，扛起红旗，踔厉奋发，再攀钻井新高峰——高质量完成大庆油田首口直径 215 毫米井筒致密气水平井。有第一就争、见红旗就扛，以井为命、以油为魂，是钢铁 1205 钻井队人不变的信念；“要像抓井身质量那样抓实队伍建设”，是钢铁 1205 钻井队历任队长的信条。张晶作为钢铁 1205 钻井队第 21 任队长，以队为家，一年中有 270 多天吃住在井场，用实际行动诠释了钢铁 1205 钻井队人多打井、打好井的勇气与智慧、责任与担当；他以炽热的赤子情怀和执着的奋斗精神砥砺前行、无私奉献，为“当好标杆旗帜，建设百年油田”不懈奋斗，为保障国家能源安全不断书写新的青春答卷。

四 铁人队伍永向前

大庆油田的成长和辉煌，见证了祖国的发展和辉煌；大庆油田的探索和成功，体现了党领导人民进行社会主义建设、进行改革开放的探索和成功；大庆油田的成绩和贡献，已经镌刻在伟大祖国的历史丰碑上，党和人民永远不会忘记。大庆精神、铁人精神永载史册，新时代的铁人队伍不忘党和人民的嘱托，在推进中国式现代化征程上为建设石油工业强国而勇毅前行（图 4–5）。

不忘初心，砥砺前行。“铁人”这面旗帜的本质，就是听党话、跟党走，就是“爱国、创业、求实、奉献”；就是直面挑战、奋力前行，从不被任何困难吓倒；就是永争一流、勇站排头，始终引领时代。钢铁 1205 钻井队总结提炼了“立铁人品格，做标杆旗帜”的核心理念，培育形成了“迎风斗雪的钻塔意志、攻坚啃硬的钻头作风、撼

图 4-5　铁人队伍永向前——大庆油田钢铁 1205 钻井队

天动地的转盘力量、忠诚担当的铁人品格”的石油特色队伍文化；先后走出了王进喜、李新民两代铁人，向油田内外和兄弟单位输送干部、技术骨干1350多人；先后被石油工业部授予“钢铁钻井队”“卫星钻井队”荣誉称号，获得中国石油“百面红旗”、全国“五一劳动奖章”、全国先进基层党组织、全国文明单位、全国青年文明号等400多项荣誉。站在新的历史起点，钢铁1205钻井队牢记习近平总书记“要把红旗一直扛下去”的殷切嘱托，永当精益钻井、技术创新、基层建设、人才培养的标杆，全力打造新时代新钢铁队伍。

2013年4月28日，习近平总书记在同全国劳动模范座谈时指出，王进喜以“宁肯少活二十年，拼命也要拿下大油田”的气概，带领石油工人“为我国石油工业发展顽强拼搏”。坚守爱国信念，不断向着更艰难的目标迈进，让中国石油工业发展的命脉和关键技术牢牢掌握在自己手里，不受制于任何国家……这就是大庆精神、铁人精神的核心所在。

钢铁1205钻井队是石油工业的一面旗帜，铁人精神代代相传。钢铁1205钻井队自从参加大庆石油会战至今，“1205钻井队”这个队名始终没有更换过。“1205”这四个数字，代表着铁人“永争一流、勇站排头”的精神，也代表着新一代钻井人对铁人精神的传承和弘扬。历史的车轮滚滚向前，钢铁1205钻井队的钻机从“12”型转型（历经9次）到“70”型，机械化、自动化、数字化程度都有很大提升，安全系数也越来越高（图4–6）。当年铁人王进喜是在钻台上手握刹把，现已经被司钻操作房所取代，司钻在操作房中就可以监控一切钻井参数。建队初期，1205钻井队只能打直井，现在可以打大位移定向井、水平井、水平取心井等特殊工艺井，以及非常规油气井——页岩油水平井、致密气水平井，技术水平也越来越高（图4–7）。虽然装备升级了、条件改善了，但新一代1205人对铁人精神的传承一直没有变，他们战天斗地的劲头一直没有变。不论钻井生产技术发展到什么水平，艰苦奋斗的思想永远不能丢，是1205人坚持“立铁人品格，做标杆旗帜”的核心理念，是铁人队伍永远向前的不竭动力。钢铁1205钻井队，“1205这块铁，是党打的；1205这块钢，是党铸的”。中国石油天然气集团有限公司党组书记、董事长在谈到钢铁1205钻井队时说：“1205钻井队的历史，就是一部忠诚向党的历史、为国奉献的历史、为油拼搏的历史。这支孕育大庆精神、铁人精神的队伍，体现了中国石油人的精气神。”

2018年3月30日，国内首家以工人阶级代表人物命

图 4-6　2022 年 12 月，钢铁 1205 钻井队队员操作电动遥控手柄进行作业

图 4-7　钢铁 1205 钻井队干部和技术人员研究打井施工措施

名的学院——铁人学院（图 4-8），在大庆油田正式揭牌成立。6 月 13 日，中央组织部确定增补铁人学院等 7 家单位为第二批全国党员教育培训基地，来自全国的劳动模范和工匠，在这里循着大庆精神、铁人精神的脚步，向着新的奋斗目标继续前进。2020 年，根据教育培训发展的新需要和油田改革发展的新形势，铁人学院成为由大庆职业学院、大庆技师学院、中国石油大庆培训中心、大庆油田党委党校合并组建的院校。学院以职业教育、员工培训、幼儿教育，以及科研技术、理论研究、成人继续教育、技能鉴定等为主，在校生 6242 人，在册幼儿 3034 人，年培训量 12 万人次以上。学院在册教职工 2287 人，拥有 37 个高职专业、16 个技工专业、近 4000 门培训课程、57 个现场教学基地及 30 个省（市）级示范园所。经过多年的积淀，学院获得中组部确定的全国党员教育培训示范基地、中华全国总工会全国职工教育培训优秀示范基地和首批全国工会干部教育培训基地、国家开放大学学习成果认证中心（石油和石化）大庆认证基地、中国石油大庆培训中心、国家应急救援培训演练基地、中央企业唯一具有国际焊工考核认证资质的“中德联合培训考试机构”等 50 个资质。面向未来，学院将深入学习贯彻习近平新时代中国特色社会主义思想，深刻践行“为党育人、为国育才”的

图 4-8 以传承大庆精神、铁人精神为己任的铁人学院

重大使命，在油田党委的正确领导下，突出特色优势，强化战略布局，全面提升教育培训的支撑服务能力，为“当好标杆旗帜、建设百年油田”深度服务，为集团公司建设世界一流综合性国际能源公司赋能助力，为党和国家教育培训事业高质量发展作出应有贡献。

大庆精神、铁人精神，已成为中华民族伟大精神的重要组成部分，永远是激励中国人民不畏艰难、勇往直前的宝贵精神财富。数十年来，全国各地的亿万人民群众来到大庆油田、铁人纪念馆参观和学习大庆精神、铁人精神，瞻仰铁人王进喜塑像（图 4–9、图 4–10）。“大庆精神、铁人精神是由职工群体在油田开发建设实践中创造的，不是‘舶来品’，它是石油职工的伟大创举，激励着工业战线广大干部群众奋发有为。”大庆油田铁人纪念馆负责人介绍说，“无论过去、现在、未来，大庆精神、铁人精神始终是社会主义核心价值观的具体体现，也将始终作为中国共产党伟大精神而血脉相承、生生不息”。

2018 年 8 月 29 日，大庆油田党委下发通知，在全油田范围内广泛深入开展“大庆精神大庆传统再学习再教育再实践”活动。2019 年，已是 82 岁高龄的新时期铁人——王启民，仍然坚守工作岗位，坚持带队伍、做实验。“人虽然老了，但思想不能老；疾病使背驼了，但精神不能

图 4-9　铁人王进喜纪念馆

图 4-10　争做铁人精神的传人

趴下。”他说：“我要用一生寻找大庆油田开发的‘金钥匙’。”大庆主力油田采收率已经突破50%，比世界同类油田高出10个百分点到15个百分点。在大庆油田勘探开发研究院的采收率实验楼的墙上，醒目地书写着十几个大字：“超越权威、超越前人、超越自我”——大庆油田科技人员在自主创新实践中凝练总结的“三超”精神，是对讲求科学的大庆精神、铁人精神的传承和发展。一代又一代石油人，始终尊重科技、依靠科技，自主创新、持续创新，不断涵养油田发展建设的动力源泉。科研工作者伍晓林带队打破国际垄断，攻克了油田三次采油技术，在二次采油技术的基础上使采收率提高了20个百分点，使中国成为世界上唯一大规模工业化应用三元复合驱技术的国家。他站在三次采油技术的制高点上，又瞄准了更高的奋斗目标。“有红旗就扛，有排头就站。”他与大庆油田广大科研人员一起，用智慧与奋斗挺起民族工业的脊梁。

2019年9月26日，在大庆油田发现60周年之际，习近平总书记代表党中央向大庆油田广大干部职工、离退休老同志及家属表示热烈的祝贺，并致以诚挚的慰问！60年来，几代大庆人艰苦创业、接力奋斗，在亘古荒原上建成了中国最大的石油生产基地；累计生产原油近24亿吨，如果装满60吨的油罐车可绕赤道14圈……相当于40个十三陵水库的蓄水量。习近平总书记在致大庆油田的贺信中指出："大庆油田的卓越贡献已经镌刻在伟大祖国的历史丰碑上，大庆精神、铁人精神已经成为中华民族伟大精神的重要组成部分。"同时强调指出："站在新的历史起点上，希望大庆油田全体干部员工不忘初心、牢记使命，大力弘扬大庆精神、铁人精神，不断改革创新，推动油田高质量发展，肩负起当好标杆旗帜、建设百年油田的重大责任，为实现'两个一百年'奋斗目标、实现中华民族伟大复兴的中国梦作出新的更大的贡献。"

站在新的历史起点上，大庆油田牢记习近平总书记"当好标杆旗帜、建设百年油田"的殷切嘱托，在新征程上为保障国家能源安全、推动能源革命作出新的更大的贡献（图 4–11）。中国石油天然气集团有限公司深入学习贯彻习近平总书记重要指示批示精神，构建形成了国内原油产量、国内天然气产量当量、海外油气权益产量当量三个"一亿吨"的能源安全保障新格局。大庆油田坚持"稳定东部、发展西部、巩固海外"发展战略，坚持"大庆底下找大庆，大庆外围找大庆"，不断加大非常规油气勘探开发的力度，大庆探区致密油资源总量已超过 10 亿吨。截至 2022 年，大庆油田持续高质量发展，国内外油气年产量当量连续 20 年保持在 4000 万吨以上。

图 4–11　大庆油田有限责任公司

钢铁 1205 钻井队坚持“有第一就争、见红旗就扛”，高唱“我为祖国献石油”主旋律，到 2022 年累计钻井 2495 口、累计进尺 320.6 万米，相当于钻透了 362 座珠穆朗玛峰。铁人王进喜的传人将继续扛起红旗，踔厉奋发、勇毅前行。习近平总书记在党的二十大报告中指出：“深入推进能源革命”，强调要“加大油气资源勘探开发和增储上产力度”。2022 年 10 月 22 日，在中国共产党第二十次全国代表大会上，中国石油大庆油田钻探工程公司钻井二公司 1205 钻井队队长张晶当选为第二十届中央委员会候补委员；11 月 2 日，他从北京回到 1205 钻井队，第一时间将“党的声音”传达给全体员工：“我们要把党的话记在心里，把红旗一直扛下去，打好铁心向党的忠诚井、永远向前的先锋井、科学过硬的严实井，坚决端牢能源饭碗，做党和国家最可信赖的骨干力量。”

2023 年，是深入学习贯彻党的二十大精神的开局之年，前进道路上，必须牢牢把握新时代的要求，奋力前行。新的一年，钢铁 1205 钻井队要在新的征程上书写无愧于历史和新时代的答卷。

附录 Appendix

附录一

中央批转石油工业部党组
关于东北松辽地区石油勘探情况和今后工作部署问题的报告

上海局，黑龙江、吉林、辽宁、甘肃、青海、四川省委，新疆维吾尔自治区党委，国家计委、经委、建委党组，地质、冶金、一机、农机、铁道、交通、建工、劳动、外贸、水电、邮电、石油工业部党组：

中央同意石油工业部党组关于东北松辽地区石油勘探情况和今后工作部署问题的报告，现发给你们，望予支持和协助。石油工业部为了加快松辽地区石油勘探和开发工作，准备抽调各方面的部分力量，进行一次“大会战”。这一办法是好的，请各地在不妨碍本地的勘探任务的条件下，予以支援。我国的石油工业特别是石油地质勘探工作，在两年中有了较快的发展，但目前仍然是一个薄弱的方面。积极地、加快地进行松辽地区的石油勘探和开发工作，对于迅速改变我国石油工业的落后状况，有着重大作用。

中　央

一九六〇年二月二十日

附录二

中共中央转发国家经委党组《关于工业学大庆问题的报告》的通知

各省、市、自治区党委，各大军区、省军区、野战军党委，中央各部委，国家机关各部委党组，军委各总部、各军兵种党委，各人民团体党组：

国家经委党组《关于工业学大庆问题的报告》，对大庆的基本经验、工业学大庆运动、大庆式企业的分析和看法，是符合党的十一届六中全会精神的；对工交战线今后宣传和学习先进典型的意见，是切实可行的。中央同意这个报告，现转发给你们。

在我们党的领导下，以毛泽东思想武装的大庆石油职工，在六十年代初，面对苏联霸权主义的封锁，在极其困难的条件下，下定为祖国争光、为人民争气的决心，发愤图强，“两论”起家，建成了具有世界先进水平的大油田，结束了中国使用“洋油”的时代；七十年代初，在林彪、江青反革命集团严重破坏期间，他们坚强勇敢，排除了干扰，大幅度提高原油产量，对国民经济在大动乱中仍能取得进展起了重要作用；粉碎“四人帮”以来，在老油区产量连年递减的情况下，他们千方百计，苦干巧干，实现了稳产高产，保持了年产原油五千万吨的水平，继续为国家作出了很大贡献。大庆石油职工自力更生、艰苦创业的实践，大庆油田不断前进和发展的历史，大庆广大干部和群众创造的一套我国自己建设和管理现代化企业的经验，表明大庆不愧为我国工交战线的先进典型，大庆职工不愧为我国工人阶级的先进部分。

应该指出，过去在长期“左”的思想影响下，把大庆的一切经验几乎都和阶级斗争、路线斗争联系起来，去总结、去拔高，总结一次，拔高一次，直至把有些经验绝对化、模式化，在宣传和推广中出现了这样或那样的问题，这是在特定的历史条件下造成的，主要责任在当时的党中央，在有关的上级领导。在指出这些问题的同时，必须肯定大庆的许多宝贵经验，仍然有着重要的现实意义。中央希望，全国工交战线的领导干部和广大职工，都要从自己的实际情况出发，学习和发展包括大庆在内的一切先进典型的好经验，以改进领导作风，建设职工队伍，加强企业管理，推进四化建设。中央希望，大庆和整个石油战线的领导干部和广大职工，要继承优良传统，发扬革命精神，务必谦虚谨慎，坚持“两分法”前进。

毛泽东同志曾经指出，我国工人阶级是中国新的生产力的代表者，是近代中国最进步的阶级，做了革命运动的领导力量，他们最有远见，大公无私，最富于组织纪律性，最富于革命的彻底性，特别能战斗。毛泽东同志还说过：“人是要有点精神的。”战争年代是这样，建设时期也是这样。大庆石油职工所以能够创造出那样的英雄业绩，为国家作出那样大的贡献，最重要的就在于他们继承和发扬了我国工人阶级的革命传统和优良品德，就在于他们有强烈的爱国主义精神和民族自豪感，有不怕困难、勇挑重担的革命英雄主义气概，有高度的国家主人翁责任感。他们的这种革命精神，充分体现了我国工人阶级的本色，在社会主义现代化建设的新时期，应该进一步发扬光大。

精神和物质在一定条件下可以互相转化，这是马克思主义的一条基本原理。在肃清“左”的思想影响中，批判“精神万能”的错误观点，是完全必要的，但决不能因此否定革命精神对改造客观世界的能动作用。在改造客观世界的过程中，在大体相同的物质条件下，由于人们精神面貌的不同，必然会产生不同的结果。目前，在调整国民经济中，有些领导干部消极畏难，怨天尤人，这也不可能，那也办不到，这种精神状态，必须坚决地、迅速地加以改变。气可鼓不可泄。我们反对无视客观条件，制订超越实际可能的“高指标”，勉强去办那些经过努力还办不到的事情；但是，我们一定要把科学态度和革命精神结合起来，鼓足干劲，知难而进，积极去办好那些经过努力可以办到的事情，使国民经济在调整中保持一定的发展速度，使各项经济建设事业取得更好的经济效益。

建设一支为四化英勇奋斗的，思想先进、技术熟练、纪律严明、团结协作的职工队伍，是新形势和新任务的迫切要求。在向现代化进军中，我国广大职工肩负着历史重任，当前正在努力克服困难，积极发展生产，为国家多做贡献。但也必须看到，由于职工队伍的不断扩大，大量新的人员把小生产、小市民的思想意识和生活习气带到了工人阶级内部；由于十年内乱期间林彪、江青反革命集团的干扰破坏；由于剥削阶级、特别是资产阶级腐朽思想和生活方式的侵蚀；加上我们放松了对职工队伍的思想政治教育和培养训练工作，以致在各个地方和工交企业的一些干部、党团员和职工中，都程度不同地存在着思想涣散，纪律松弛，工作马虎，损公利己等消极现象。一些领导干部的官僚主义和脱离群众等不正之风，又助长了这种消极现象的蔓延，影响了广大职工的社会主义积极性。

对于上述问题，各级党政领导机关和工交企业中的党组织，必须高度重视，认真解决。在今后的工作中，一定要坚持思想领先的原则，加强思想政治工作，特别要加强对青年职工的教育和帮助。要教育职工坚持四项基本原则，坚决执行党的方针政策，正确认识和对待国家、集体和个人三方面的利益关系，引导职工自觉做到个人利益服从集体利益，局部利益服从整体利益，眼前利益服从长远利益。要坚决批判和纠正有些企业和单位的领导干部迁就少数人的落后意识，迎合他们的不正当的要求，用各种办法损害国家和集体利益的错误倾向。要充分发挥共产党员、共青团员的先锋模范作用，充分发挥工程技术人员的重要作用，充分发挥老工人、老模范的骨干作用，坚持开展社会主义劳动竞赛，坚持开展比学赶帮超的群众活动，坚持做好职工教育培训工作，不断提高职工的思想政治觉悟和文化技术水平。要坚决克服思想政治工作涣散无力的状态，积极支持和帮助企业行政加强企业管理，做到敢抓敢管，奖罚分明，对好人好事要及时表扬，对各种不良倾向要敢于批评，对一切违法乱纪行为要严肃处理。

目前，全国的政治、经济形势是好的，农村的形势更好。农业生产的迅速发展给工业生产和交通运输提出了许多新的要求。工交战线的广大职工一定要努力生产更多更好的农业生产资料、日用消费品，办好交通运输事业，以适应广大农民发展生产和改善生活的需要，进一步密切城乡关系，巩固工农联盟。工交战线的各级领导同志，一定要继续解放思想，坚持群众路线，深入实际抓问题，破除框框走新路；要善于发现先进典型，总结先进经验，实事求是地加以宣传和推广。

各地党委、各工交部门和企业中的党组织收到这个文件后，都要认真学习讨论，并向全体干部、党团员和职工进行传达。要结合企业的整顿工作，充分发动群众，联系本单位的实际，正确运用批评与自我批评的武器，认真检查一下本单位领导干部和广大职工的精神状态，是不是适应当前的形势？是不是鼓起了革命干劲，是鼓了十分还是只鼓了几分？每个领导同志是不是做到了密切联系群众，与群众同甘共苦？职工同志是不是都能以国家和企业主人翁的态度进行工作和生产？是不是认识了工人阶级只有解放全人类才能最后地解放自己的真理？要在此基础上召开职工代表大会，制订有力措施，动员广大职工进一步振奋革命精神，进一步增强主人翁责任感，把工业生产和交通运输提高到一个新的水平。

中共中央

一九八一年十二月十八日

附录三

国务院致大庆油田全体职工的贺电

黑龙江省人民政府转大庆市人民政府、大庆石油管理局并各级干部、工程技术人员和工人同志们：

欣悉大庆油田在年产原油五千万吨的水平上，胜利地实现了连续稳产十年的目标，国务院向为我国社会主义现代化建设作出重大贡献的大庆市人民政府、大庆石油管理局各级干部、工程技术人员和工人同志们，表示热烈的祝贺和亲切的慰问！

大庆油田实现连续稳产十年的目标，是在油田进入中高含水采油阶段，地下情况发生重大变化开采难度逐年增大的情况下取得的。你们在生产建设上做了大量艰苦扎实的工作，在科学技术上发扬勇攀高峰的精神，通过富有创造性的劳动，不仅给国家创造了巨大的物质财富，而且使油田高含水期采油技术达到了世界先进水平，这是我国社会主义经济建设的一项重大成就，也是我国科学技术发展的一项重大成就。

大庆油田是我国社会主义现代化建设中一个久已闻名的先进企业。在油田创业年代，你们艰苦奋斗，奋发图强，为全国人民树立了光辉榜样。在油田建成以后，你们又不断地创造新的成绩，成为向国家贡献最多的大型企业之一，继续走在社会主义现代化建设的前列。

希望你们戒骄戒躁，再接再厉，继续发扬优良传统，不断改革创新，抓好社会主义物质文明和精神文明建设，进一步掌握和开拓油田开发的先进技术，加强企业的现代化管理，不断提高经济效益，为国家作出更大的贡献！

国务院

一九八六年一月二十五日

附录四

国务院致大庆油田发现 40 周年的贺电

中国石油天然气集团公司、黑龙江省人民政府：

今年是大庆油田发现 40 周年。40 年来，大庆油田广大干部、职工以马克思列宁主义、毛泽东思想、邓小平理论为指导，艰苦创业，拼搏进取，形成了以“爱国、创业、求实、奉献”为突出特征的大庆精神、铁人精神，并连续 24 年保持年产原油 5000 万吨以上水平，为我国石油工业的崛起和国民经济的发展作出了重大贡献，成为我国工业战线的一面红旗。国务院特向你们，并通过你们向大庆油田各级干部、工程技术人员、工人和离退休干部、职工及家属同志们，表示热烈祝贺和亲切慰问！

大庆油田开发建设 40 年取得的成就，是我国社会主义现代化建设事业蓬勃发展的生动例证。

它充分证明了社会主义制度充满了巨大的生机和活力，国有企业和工人阶级在我国社会主义建设事业中发挥着不可替代的主导作用。

当前是我国社会主义现代化建设实现第二步战略目标，并向第三步战略目标迈进的关键时期。大庆油田在国民经济发展中占有重要地位。希望你们在党的十五大精神指引下，发扬优良传统，坚定不移地深化企业改革，推进结构调整，加强技术创新，提高市场竞争能力，在新的历史发展时期再上新台阶，为我国社会主义现代化建设事业作出更大的贡献。

国务院

一九九九年九月二十一日

附录五

国务院致大庆油田发现50周年的贺电

中国石油天然气集团公司、黑龙江省人民政府并转大庆油田有限责任公司：

值此大庆油田发现50周年之际，国务院向大庆油田广大干部职工、离退休老同志及家属，表示热烈的祝贺并致以亲切的慰问！

50年前，我国在松辽大地上发现了大庆油田。在极其艰苦的条件下，调动全国的石油队伍，展开了气势磅礴的大庆石油会战，彻底甩掉了中国“贫油”的帽子，开创了我国石油工业发展的新纪元。

50年来，几代大庆人艰苦创业、拼搏奋进、无私奉献，大庆油田已发展成为我国最大的石油生产基地，为保障国家能源安全、促进国民经济和社会发展作出了突出贡献，不仅创造了巨大的物质财富，而且创造了以“爱国、创业、求实、奉献”为鲜明特征的大庆精神、铁人精神，成为激励中国人民不畏艰难、勇往直前的宝贵精神财富。大庆油田开发建设的辉煌历程，谱写了我国产业工人和科技工作者自力更生、艰苦奋斗的壮丽诗篇，再次向世人证明，中国人民有志气、有信心、有能力不断创造非凡的业绩，不断铸就社会主义现代化建设事业的新丰碑。

全面建设小康社会对我国能源供应和能源安全提出了新的更高要求。确保大庆油田实现可持续发展，是大庆油田全体干部职工肩负的重要使命。希望大庆油田全体干部职工，以邓小平理论和“三个代表”重要思想为指导，深入贯彻落实科学发展观，继续发扬大庆精神、铁人精神，着力转变发展方式，着力推进自主创新，深挖开采潜力，保持油田高产稳产，努力创建百年油田，为我国石油工业发展作出新的更大贡献！

国务院

二〇〇九年九月十七日

附录六

国务院致大庆油田发现60周年的贺电

中国石油天然气集团有限公司、黑龙江省人民政府并转大庆油田有限责任公司：

在全国上下喜迎中华人民共和国成立70周年之际，大庆油田迎来发现60周年的重要时刻，国务院向大庆油田广大干部职工、离退休老同志及家属，表示热烈祝贺和亲切慰问！

大庆油田的发现和开发，在中国石油发展史上具有历史转折意义，由此开始了我国石油工业的跨越式发展。60年来，以王进喜、王启民为代表的几代大庆石油人艰苦创业、拼搏奋进，把大庆油田建成了我国最大的石油生产基地，取得了令世人瞩目的辉煌业绩，为保障国家能源安全、促进经济社会发展作出了重要贡献。大庆油田孕育形成的大庆精神、铁人精神，成为中华民族伟大精神的重要组成部分，激励着中国人民不畏艰难、勇往直前。六十年一甲子，筚路蓝缕、岁月峥嵘，大庆油田的光辉发展历程充分证明，中国人民有信心、有办法、有能力创造非凡成绩，不断夺取中国特色社会主义新胜利。

决胜全面建成小康社会、实现中华民族伟大复兴的中国梦对保障我国能源安全提出了新的更高要求。希望大庆油田全体干部职工以习近平新时代中国特色社会主义思想为指导，全面贯彻落实党的十九大精神，按照党中央、国务院决策部署，认真践行新发展理念，继承发扬大庆精神、铁人精神，持续深化改革、降本增效，坚持稳油增气、内外并举，积极培育新动能，着力推动高质量发展，奋力谱写新篇章，为保障我国油气安全稳定供应、推动东北全面振兴全方位振兴、实现“两个一百年”奋斗目标和中华民族伟大复兴的中国梦作出新的更大贡献！

国务院
二〇一九年九月二十三日

参考文献

References

[1] 大庆油田志编纂委员会. 大庆油田志（1959—2008）[M]. 哈尔滨：黑龙江人民出版社，2009.

[2] 刘宝和. 中国石油勘探开发百科全书·综合卷[M]. 北京：石油工业出版社，2008.

[3] 中国工业经济联合会，中国石油和化学工业联合会. 中国工业史·石油工业卷[M]. 北京：中共中央党校出版社，2021.

[4] “当代中国”丛书编辑部. 当代中国的石油工业[M]. 北京：中国社会科学出版社，1988.

[5] 大庆油田有限责任公司. 大庆油田五十年文史资料汇编（第一卷）[M]. 北京：石油工业出版社，2009.

[6] 大庆油田有限责任公司. 大庆油田五十年文史资料汇编（第三卷）[M]. 北京：石油工业出版社，2009.

[7]《石油精神——文献石油 70 年》编写组. 石油精神——文献石油 70 年[M]. 北京：石油工业出版社，2020.

[8] 中国石油天然气集团有限公司. 石油巨变：中国石油改革开放 40 年（1978—2018）[M]. 北京：石油工业出版社，2018.

[9] 中国石油天然气集团有限公司. 石油华章：中国石油改革开放 40 年（1978—2018）[M]. 北京：石油工业出版社，2018.

[10] 周洪成. 石油精神读本[M]. 北京：中国石化出版社，2019.

［11］周洪成，曲晓论，杨荣才 . 新时代中国石油工业［M］. 北京：中国石化出版社，2022.

［12］大庆石油管理局年鉴编辑部 . 大庆石油管理局年鉴（1991）［M］. 北京：企业管理出版社，1992.

［13］大庆石油管理局年鉴编辑部 . 大庆石油管理局年鉴（1992）［R］. 大庆石油管理局（内部发行），1993.

［14］大庆油田年鉴编纂委员会 . 大庆油田年鉴（2010）［R］. 大庆油田有限责任公司（内部资料），2011.

［15］大庆油田年鉴编纂委员会 . 大庆油田年鉴（2011）［R］. 大庆油田有限责任公司（内部资料），2012.

［16］大庆油田年鉴编纂委员会 . 大庆油田年鉴（2012）［R］. 大庆油田有限责任公司（内部资料），2013.

［17］大庆油田年鉴编纂委员会 . 大庆油田年鉴（2013）［R］. 大庆油田有限责任公司（内部资料），2014.

［18］大庆油田年鉴编纂委员会 . 大庆油田年鉴（2014）［R］. 大庆油田有限责任公司（内部资料），2015.

［19］大庆油田年鉴编纂委员会 . 大庆油田年鉴（2017）［R］. 大庆油田有限责任公司（内部资料），2018.

后记 Afterword

今年即将迎来铁人王进喜诞辰一百周年，他虽已与世长辞，但他并未走远，他拼搏奉献一生铸就的铁人精神已经融入中华民族伟大复兴的红色精神谱系，铁人精神成为中华民族伟大精神的重要组成部分，是一代代中国石油人共同的精神财富。当我们受命承担研究铁人精神这一重大课题时，每个人都强烈地感受到了这一特殊使命的无上荣光与异常艰巨。

在本书创作过程中，我们一年中九次深入石油工业的圣地——大庆油田，走进铁人王进喜纪念馆学习、采风，在铁人王进喜生前战斗过的钢铁1205钻井队的井场上追忆当年的峥嵘岁月，还采访了与铁人王进喜一起工作过的老石油前辈及他的一代代传人……当我们迎着钢铁1205钻井队巍巍耸立的钻塔，面对鲜红的党旗宣誓，那些滚烫的铮铮誓言在新时代的天地间久久回响："我们一定要用铁人精神写好铁人，用铁人精神研究、歌颂铁人，让铁人精神代代传、处处传、永远传，激励我们为中华民族的伟大复兴而努力奋斗！"于是，我们在本书研究、编纂过程中学铁人、做铁人，牺牲了节假日的休息时间，甚至春节小长假也是在伏案工作中度过的。在编纂过程中，我们认真参阅了《中国工业史·石油工业卷》《余秋里回忆录》《石油精神读本》《铁人传》《铁人王进喜》《大庆石油会战》《不卷刃的尖刀》《共产党人王进喜》等书籍，以及影视片《创业》《奠基者》等相关的大量文史资料。中华全国总工会副主席高凤林，第十四届全国政协委员、中国能源化学地质工会主席蔡毅德欣然为本书作序。参加本书编纂工作的有周洪成、曲晓论、杨荣才、王昆、王洪波、张鹏程、江涛、高潮洪、王晖、李旭军、马剑光、侯养兵、刘茂诚、耿庆昌、孟庆龄、毛怀军、宋涛、宋春刚、陈庆、薛学通、闫海生、张音喆、陈维松、李懂章、白栋、牛栓文、韩辉、聂晓炜、杨勇、刘东昌、宋新辉、张飞虎、肖向东、王宜光、常夏玮、米顺林、刘胜华、武超伟、朱荫涛、刘明亮、李修伟、谭运成、牛汝东、万慧清、张建伟、冯斌、李勇、段鸿杰、张志强、魏海泉、杨晓敏、陈玉豪、肖军、冀延民、向勇、王胜、林国、陈辉、张连声、李景营、张洪伟、冯麒、王聪、侯琳、宋占魁、兰峰、谈晓辉、李祖勤、王锡耘、刘公俊、孟光建、卢小娟、田波、孙喜新、丁东龙、王保生、余满和、陈晶、宋明水、邱发森、王永刚、管京伟、王海琳、张玉、刘子军、马珍福、傅延英、王雪梅、朱相兴、于强、李星灼、房伟、宋红妮、胡利平、张冬平、易善志、张锋、巩天兵、杨国栋、巩梦瑶、胡渤、盖利波、舒晓辉、王东营、杜力子、夏秀娟、李鹏、周怿、赵婉琪、周伟强、邹彬彬、周立波、于惠波、苏立岭、于峰、徐清奎、祁传良、西传松、薄其军、杨翠华、赵晓辉、于海、黄子军、张衍军、陈桂宏、李康、孙朝华、高波、王黎明、吕薇、张保贵、李宝峰、栾滨、宋健、韩非子、刘佳、邵伟、尹刚、张滨、朱鹏、王斌、王明磊、王胜利等，正是这些编纂人员数年如一日，倾注大量心血，刻苦编纂，几易其稿，确保了《新时代铁人精神之光：铁人王进喜与他的传人风采录》高质量出版。

感谢中国石化出版社周志明书记、毛增余总经理、黄志华副总经理等对本书编辑出版工作作出的辛勤努力。同时，对本书中所引用图片的作者表示衷心的感谢。

在铁人王进喜诞辰一百周年之际，谨以此作献给铁人王进喜与他的传人，献给勇扛旗帜、踔厉奋发的新时代百万石油铁军！

本书在编纂过程中得到中国能源化学地质工会、中国石油和化学工业联合会、中国石油企业协会的大力支持，大庆油田及铁人学院领导多次参加本书审稿会，为本书编纂工作提供了大量的珍贵历史资料，在此表示衷心感谢！在本书出版发行之际，诚恳欢迎广大读者指正，并提出好的意见，以便我们在适当时机再版时能够订正、充实与完善。

编　者

2023 年 3 月于北京